JN126843

CHARACTERES SERICI CLARE

CHARACTERES SERICI CLARE

CONVERSIO IN LATINVM

ANTOINE BOSSARD

神奈川大学出版会
SOCIETAS EDITIONIS
VNIVERSITATIS KANAGAWA

Characteres serici clare,

opus scriptum et convertum et editum

ab Antoine Bossard,

professore adjuncto

facultatis scientiarum universitatis Kanagawa

神奈川大学出版会
〒 221-8686
神奈川県横浜市神奈川区六角橋 3-27-1

Ad filium meum Franciscum

Summmae rerum

Praefatio

In hoc libro 'Characteres serici clare', characteres qui a Serica oriuntur et varietates eorum per mentem aspiciuntur. Ei characteres mirabiles sunt erga qui eis non utuntur, tametsi characteres discere pernoscereque difficilissimum est. Auctor, doctor Antoine Bossard, ita erat ubi ut discipulus curriculi doctorae philosophiae scientiae instrumentorum computationis in officinam meam venit. Nunc tamen lingua japonica bene orare potest ac doctus scriptione characterum japonicorum *kanji* est. Hic liber nonnullas vias ostendit cur ea facultate cito frui potuerit.

Post prolationem hujus libri in capite primo, auctor eos characteres in capite secundo introducit et fundamenta characterum in capite tertio explicat. Caput quartum quintumque principales sunt ad hunc librum. Caput quartum relationes inter formas significationes appellationesque characterum indicat. Ad caput quintum conjuncte laboravimus ut relationes algebra mathematica describantur. In reliquis capitibus, auctor exempla usus secundum relationes demonstratas in capito quarto quintoque profert.

Quamquam qui lectores verbum 'per mentem' rigidum existimare possunt, spero eos hoc libro stimulatum iri et jucunditatem eorum erga characteres Sericae confirmatum iri.

Philosophiae doctor professor Keiichi Kaneko
universitatis Tokii culturae artisque

(conversa in latinum ab auctore)

Praefatio auctoris

Cum primum otium fuerit, fascinantem characterum sericorum mundum quintum decimum jam annum exploro. Nonnullis
annis post primum verum congressum cum eis signis moventibus
mentem, coepi studere scientiae informationis secundi gradi universitatis et postea pervestigare graphorum rationem. Ex studiis,
jam usum decem annorum habebam erga characteres sericos. Id
est ubi coepi considerare eos characteres per logicam computatio-
nemque ac cogitare de probabili conexione inter characteres sericos
et graphorum rationem. Clare, sicut omnis discipulus eorum characterum, magis aut minus conscie relationibus, velut inclusionis,
quae inter characteres sericos esse possunt usus eram. Characteres tamen ut graphi vertices diligenter definire, conjungendis
eis jugis quorum genera differre possunt, non solum posse et
prudens esse sed etiam varios magnosque usus patefacere sicut
multum adjuvare ad retinendos characteres memoria constitit. Hic
liber ab eis observationibus et investigationis viis proficiscitur.

Diligenter relationes inter characteres sericos definire primus
gradus et fundamentum hujus operis fuit. Ad eam rem, varias
proprietates totae rationis scripturae erga selectam scripturam,
velut linguam japonicam, considerare maximum fuit. Postea logicam structuram quae ad characteres sericos definita erat pressius

describere secutum est. Hic labor ita fuit primum characteres sericos qui variis linguis scripturisque prosunt perlustrare ac deinde characterum copias et compositionis operationes colligere. Characterum algebra etiam extendens summam usuum aditus nostri, exempli gratia introductione notionis intervalli inter omnes duos characteres sericos serieique characterum, consequitur.

Sic, aditus logicus et per computationem ad characteres sericos propositus in hoc libro ab institutionibus usitatis discendi clare differt. Colligendis investigationibus nonnullorum annorum, hic liber principales notiones patefacit ad non modo qui efficienter futurum laborem memoriae characterum parare volunt verum etiam quivis alte logiceque eos fascinantes characteres intellegere cupiunt.

Monitum ad hanc conversionem

Quare librum in latinum nunc convertere ? Primum, facultatem linguae latinae, notabiliter scriptorum primae classis, ad varias disciplinas, velut characteres sericos, et scientiam hodiernam, velut graphorum rationem, etiam demonstrare est una de rationibus hujus libri. Deinde, auctor putat hanc conversionem clariorem, id est melius scriptam, quam editionem primam esse. Modus scribendi enim ad usum verborum haud necessariorum inclinat ubi lingua britannica scribitur, et utique ubi ea scribo. Denique, hic liber ad auctoritatem ministerii gallicam educationis quae scholas de lingua latina secuit quodammodo respondet. Postremo, est

electio mea ad melius cognoscenda fundamenta linguarum euro-
pensium et usus earum et relationes inter eas. Et relationes inter
linguam latinam ac linguas asiaticas, praecipue quae characteribus
sericis utuntur, considerare mea satis refert.

Praeterea, in hac editione secunda, paucae correctiones animadvertantur factae esse, notabiliter erga tabulam II.V.

Haec conversio ab auctore ipso facta menseque augusto anni MMXIX scribi coepta fuit. Scriptio ejus secundum scriptores
primae classis est fortasse autem sanius fuisset verbis hujus temporis uti, praesertim erga satis novas disciplinas sicut scientiam
instrumentorum computationis. Ita, existimari hunc librum modo
conservanti atque etiam contrario scribi potest.[1]

---

[1] Commemoramus tamen Caium Iulium Caesarem 'tanquam scopulum, sic
fugias inauditum atque insolens uerbum' dixisse (in primo libro de analogia
sicut Aulus-Gellius refert ; 'Noctes atticae', libro I, pagina X).

CAPVT PRIMVM

Introdu&io

Multae rationes scripturae, et habentes multes conexiones inter se, in variis terris populisque usitatae sunt. Quae plures sunt si
vetustae scripturae censentur (exempli gratia Coulmas Sampson-
que opera conferre, quae capitis fine indicantur). Chara&eres serici
gentium asianarum jun&io sane existimari possunt. Namque ei
chara&eres in multis nationibus linguis diale&is scripturisque
adsunt. Ac fit ut distin&ae nationes principalium veterum cha-
ra&erum varietatibus suis utantur. Sic tales chara&eres scriptura
simpliciore eademque principali apud continentis Sericam Formosam Vi&oriamque (quarum quaeque scriptura species suas habet,
etiamsi scripturae sericae sunt), ac Iaponiam scriptura *kanji* et
minus Coream scriptura *hanja* et Anamam scriptura *chữ nôm*
nunc prosunt. Nescitur tamen quanti chara&eres serici sint.

Hic liber ad demonstrandos chara&eres sericos scribitur, ut
le&or eorum rationem inveniat. Id opus primus gradus existime-

tur antequam charaĉteres serici discantur repetenturque, et profici possit. Auĉtor credit talem apparationem discendi prudentissi- mam esse ut postea ei charaĉteres efficienter memoria retineantur. Aliis verbis, non hic liber scriptus est ut charaĉteres serici repete- rentur sed ut eorum natura intellegeretur ad reddendos eos faciles memoratu.

Primo, linguas cultusque erga charaĉteres sericos praescire non necessarium est ad leĉtionem hujus libri. Ex contrario, is lec- toribus convenit qui fascinantem charaĉterum sericorum mundum explorare incipere volunt. Praeterea, vel lingua vel dialeĉtos vel gens fauta a leĉtore neglegi possunt nam ibi charaĉteres aspicien- dis multis cultibus proferuntur. Hic liber ita est quibuscumque linguam vel Sericae, vel Formosae (*hokkien*), vel Viĉtoriae (Can- toniae), vel Iaponiae, vel etiam aliarum regionum speĉtant bono initio. Is etiam leĉtores adtinebit qui rationum scripturarum et generaliter litterarum studium speĉtant, hic enim diligentes dispu- tationes facit, sicut relationum disputationes, erga signa (litteras) ad charaĉteres sericos. Exempli gratia fieri potest ut ad runicarum litterarum doĉtos figurarum (id est litterarum per figuras) expo- sitiones pertineant quoniam id litterae genus in scriptis runicis interdum invenitur.

Libri qui de memoria charaĉterum sericorum traĉtant multi sunt ; seleĉta opera in capite ultimo hujus libri dantur (caput no- num conferre). Vt ante diĉtum est, destinatio ibi distat. Potius quam charaĉterum appellationes et significationes usitate enume- rentur, sicut frequenter in traditionibus, aditus praecepta rationesque quae charaɛteres sericos struunt ad artem memoriae efficienter instituendam docet. Tria verba 'praeceptum', 'ratio', 'struere' clavis reapse sunt. Ibi per mentem, ac praecipue in quibusdam capitibus per computationem, aditus ad charaɛteres sericos est : omnis charaɛter sumitur ut res habens proprietates, et variae relationes inter eas res definiuntur. Talis disputatio philosopha naturae charaɛterum magna hujus libri pars est.

Deinde ratiocinationem sub aditu nostro exponimus. Primum, conexio ad philosophiam fit, quod haudquaquam absurdum est nam ut diximus charaɛterum natura philosophice ducetur. Philosophia non res quam quis discit est. Sed potius philosophia traɛtatur, id est philosophare. Quod mathematica et philosophia satis similes sunt, sane declarari eam proprietatem item ad mathematicam se applicare potest. Hoc est, qualis philosophia talis mathematica non discitur. Sed potius mathematica ad consuescendum uti traɛtatur. Praeterea, interest animadvertere eam fundamentalem philosophiae mathematicaeque proprietatem, etiam ex parte, ex multis vel plurimis aliis disciplinis evanuisse. Varia vincula discipulos constringere, exempli gratia naturae vincula erga terrae doɛtos, physicae erga physicum, communicationis erga doɛtos linguae, ut una de causis subjici potest. Vt ita dicamus, id est quasi terrae scientia et physica et lingua simpliciter discantur.

Hac pervestigatione auɛtori constat aditum per mentem ad charaɛteres sericos modum esse ut traɛtationis libertas recuperetur, velut in philosophia. Quae propter ante diɛta discendi vincula

non poterat adtingi. Sic adoptanda visione per mentem logicam-
que ad characteres sericos, discipulus ex orationis habenis sicut
grammatica quae quasi status erga quaestionem de characteribus
sericis sunt se liberat. Vt Coulmas demonstravit, scriptura non
ut linguae productio simpliciter intellegatur.

Talis aditus logici gratia, ad philosophiam mathematicamque
ita adhaerescentis, non solum characteres sericos usitate disci
sed etiam eos tractari libere potest, unius de exemplis gratia characteres ut copiae elementa referentia alia aliis variis relationibus
sumi. Quod modo unum de exemplis est eo aditu enim discipulus
perfecte liber erga rerum tractationem, ibi characterum, est. Talis
cogitatio generaliter abscondita erga discipulum linguarum manet ;
dilata naturalissimaque institutio ad characteres sericos putetur.

Praeterea, ubi rationes scripturarum linguarum naturalium et
praecipue litterarum earum copiae tractantur, propriae relationes inter ea elementa frequenter notari possunt. Tales copiae ad linguas
naturales pertinentes, ex multarum diuturnarum experientiarum
collectionibus tamen consequentur, structura inter eas igitur probabilissime non logica est. Vt usus multi et non solum educandi
sunt, ad patefaciendas formandasque relationes inter litteras conferre interest ac sententiosissimum est ad ultimo logicam structuram habendam quae deinde exempli gratia faciliorem tractationem
instrumento computationis et memoriam ad discipulos inducat.

Ergo hic liber res disciplinae linguarum studiorumque orientis
et generaliter rationum scripturarum signorumque et computationis linguae et praesertim logicae notabiliter asciscit. Vbi apta est,

et sicut paucis notis ante factum est, brevis comparatio characterum sericorum cum ratione scripturae runicae fiet ambae scripturae
enim notabiles mutuas proprietates interdum habent.

Hoc opus duas principales partes habet. Pars prima caput
secundum tertiumque habet et characteres sericos usitatius sed
graviter multis nationibus cultibusque aspiciendis demonstrat.
Pars secunda usque a quarto nonum caput est ac characteres
sericos profundius inspicit aditu per mentem et interdum per
computationem.

Vbi accommodatum est, notationibus mathematicis logicis-
que utemur ad adeundum clarissime et minime ambigue ad characteres sericos. Quamquam eae notationes magnae erga sapien-
tiam aditus nostri sunt, sunt eae non principes ad hunc librum
comprehendendum : lector minimo impedimento eas vitare potest.

In fine omnis capitis fere notae librariae dantur. Quod vetetiora
scripta quae in hoc libro exponuntur interdum non patent, recentio-
ra ergo patentiora opera in notis librariis addentur, exempli gratia
res in bibliothecis numeriis. Lector animadvertat talium operum
conversiones in latinum non saepe patere. Ad comprehensionem
auctor itaque titulorum eorum operum conversiones in latinum
proponet ubi necesse est. Eos nec conversiones publicas esse nec
quoquomodo ab operum auctoribus approbari intellegantur.

Postremo unaquaeque capitis pars characteris serici imaginem
includit quae ad corporem partis quodammodo refert, hoc est
pigmentorum librarii exemplum.

Notae librariae

I Variae principales rationes scripturae mundi, velut charaĉteres serici, a Florian Coulmas perlustrantur in libro 'Rationes
scripturarum mundi' (*The writing systems of the world*,
in lingua britannica ; Oxoniae, Britannia : Basil Blackwell,
MCMLXXXIX). Cujus auĉtor notabiliter in taĉtu scripturae
ad linguam commoratur cum contrarie putare naturale sit,
hoc est scriptura a lingua proficiscatur.

II Simile opus a Geoffrey Sampson efficitur in libro 'Rationes scripturarum' (*Writing systems*, in lingua britannica ;
Sefeldae, Britannia : editiones Equinox, MCMLXXXV, secunda editio anno MMXV), in quo auĉtor etiam de mutatione
formae litterarum disputat.

III John DeFrancis quoque in libro 'Aspeĉtabilis locutio' (*Visible speech*, in lingua britannica ; Honolulu, HI, America :
editiones universitatis Hawaii, MCMLXXXIX) de variis rationibus scripturae, velut charaĉteribus sericis, et praecipue
locutionibus disputat. Hic auĉtor doĉtus linguae sericae est.

IV Sicut in libro 'Litterae runicae norvegiae et scripta runica'
(*Norwegian runes and runic inscriptions*, in lingua britannica ; Woodbridge, Britannia : Boydell & Brewer, MMV)
ab auĉtore Terje Spurkland exponitur, litterae runicae interdum figurae fiunt, exempli gratia in scripto runico littera

runica ᛗ sola est ad significandum verbum 'homo', quod igitur quodammodo litteras runicas cum characteribus sericis
conjungit.

De characteribus sericis

In hoc capite brevis sed totus characterum sericorum conspectus datur, notabiliter origine eorum et terrestri partitione veteris praesentisque usus eorum et variis rationibus scripturae proficiscentibus ab eis rebus.

II.I Historia

'historia',
'chronica'

Notabiles gradus historiae characterum sericorum in hac parte exponuntur. Quattuor praecipuae scripturae aspiciuntur ; eae in descriptione II.I demonstrantur.

Sicut erga rationes scripturae usitatum est, nova scripturae varietas repente prioris varietatis locum non obtinet. Sic, scripturae aspectae in hac parte existimentur lenis motus characterum sericorum qui aliquamdiu

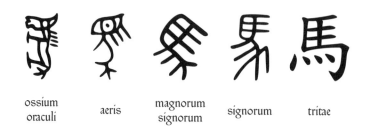

ossium oraculi	aeris	magnorum signorum	signorum	tritae

DESCRIPTIO II.I : Imagines scripturae ossium oraculi, aeris, mag‑
norum signorum, signorum, tritae charactere 馬 'equus'.

leniter fit dum scriptura omnino obscuratur. Similis motus in‑
veniri potest exempli gratia in litteris runicis Scandinaviae quae
a veteriore *fuþark* ad litteras runicas punctis et brevibus scopis
leniter mutatae fuerunt. Temporum descriptio angustata domibus
sericis imperatoriis quae in hoc libro dicuntur in descriptione II.II
datur.

Characteres serici oriuntur a quo nunc continentis Serica no‑
minatur. Vetustissima characterum sericorum vestigia habens,
scriptura ossium oraculi ad augurationem erat signis (id est res
priores characterum sericorum hodiernorum) scriptis in osse sic‑
ut scapulis bovis vel testudinis pectoralibus. Scriptura ossium
oraculi apparere coepit a fine domus imperatoriae Shang circum
a.Ch.n. MCC‑ML. Ea scriptura praesertim litteris per imagines
constat.

Scriptura aeris unum magnum scripturae ossium oraculi pos‑

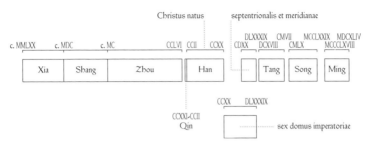

Christus natus   septentrionalis et meridianae

DESCRIPTIO II.II : Temporum descriptio domorum sericarum imperatoriarum dictarum in hoc libro.

terum est. Ea ad characteres scriptos (fictos) in aeribus velut aenis et campanis pertinet et praesertim religiosorum ornamentorum causa. Vetustissima scripturae aeris vestigia quoque oriuntur a fine domus imperatoriae Shang sed domus imperatoria Han (a.Ch.n. CCVI-p.Ch.n. CCXX) extrema vestigia habet, et clare sunt magnae differentiae formae ubi Shang et Han aeres comparantur. Sicut scriptura ossium oraculi, scriptura aeris praesertim litteras per imagines continet. Contra monumenta lapidea inscripta litteris runicis, materiae ad scripturam ossium oraculi et aeris caelum satis ferunt. Sic multa scripturae aeris fragmenta etiamnum patere legique possunt.

Deinde, scriptura magnorum signorum et postea scriptura (parvorum) signorum sunt propriae domus imperatoriae Qin (a.Ch.n. CCXXI-CCVI). Eae sunt scripturae insculptae. A domo imperatoria Han, usus earum scripturarum solum ad signa (sigilla) publica contractus est ut scriptura (proxima) hujus temporis, nominata scriptura clericali, per istud tempus apparuit, quae deinde ad scripturam tritam (hodiernam) mutata fuit. Etiam animadvertere librum 'Historia scripturae Serica' Chukei Fushimi,[1] extra exempla signorum domus imperatoriae Qin, notabiliter ostendere partis primorum rarissimorumque signorum imagines quae tam vetustae quam domus imperatoria Yin (Shang) sunt decet. Secundum Fushimi tria signa domus imperatoriae Yin in isto libro data aerea signa apud Henan effossa maximae inventiones fuerunt ut primum probaverunt signa per tempus Yin adesse.

Cum materiae ad inscriptiones mutarentur, id est a fictis inscriptionibus ad insculptas inscriptiones deinde descriptas denique scriptas, universa characterum forma a teretibus formis (scriptura ossium oraculi) ad lineamenta tendentia ad rectas lineas (scriptura trita) mutata fuit. Sicut a Sampson subjicitur, formis fictis mollibus materis velut creta et cera, lineamenta haud anguste inflecti poterant, hoc est libere describi. Necesse erat sequentes scripturas, aut insculptas aut descriptas, rectioribus lineis et mollioribus lineamentis uti. Ea transitio a multiplicibus litteris per imagines (scriptura ossium oraculi) ad simpliciores formas (scriptura trita) etiam comparetur scripturae runicae motui expeditis litteris runicis velut brevibus scopis et sine baculo et punctis.

---

[1] 書の歴史—中國篇— (in lingua japonica), Tokii, Iaponia : Nigensha (二玄社), MCMLX.

Postremo, etiamsi distinctarum linguarum nationumque characteres serici e singulari fonte oriuntur, linguae motus animadvertatur significationis differentias, nec semper parvas, erga unum characterem inter linguas creavisse. Exempli causa cum verbum 'porcus' - usitata verbi significatione, velut ubi erga carnem porcinam est - in lingua japonica charactere 豚 scribatur, in recenti lingua serica charactere 猪 scribitur, cujus significatio in lingua japonica est 'aper'.

II.II Partitio terrestris

'terra', 'tellus'

Simplex conspectus partitionis terrestris rationum scripturae characteribus sericis in descriptione II.III datur. Ea tabula insistit modo nationibus quarum una utique de linguis publicis characteribus sericis etiam ex parte utitur. Quamquam multitudo hominum sunt (quingenties centena milia consensio est), gentes peregrinae sericae in ea tabula non designantur.

Imprimis, propter causas historicas, continentis Serica medius locus usus characterum sericorum est. In continentis Serica tamen hodierni characteres serici a characteribus qui quondam proderant differunt. Continentis Serica nunc simpliciore scriptura serica utitur, quae ratio scripturae per characteres sericos simpliciores est (partem II.III.II conferre).

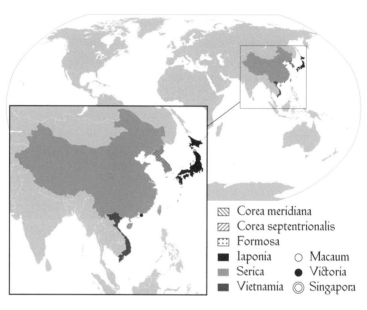

Corea meridiana
Corea septentrionalis
Formosa
Iaponia   Macaum
Serica   Victoria
Vietnamia   Singapora

DESCRIPTIO II.III : Simplex partitio usus characterum sericorum.

    Characteres serici qui apud Formosam Victoriam Macaum-
que usitati sunt contra apud continentis Sericam non simpliciores
facti sunt. Rationes scripturae earum regionum characteribus sericis principalibus utuntur (partem II.III.I conferre). Etsi eae rationes
scripturae pares sunt (praeter tamen parvas differentias), tamen
linguae earum regionum animadvertantur differre posse. Exempli
gratia lingua serica officiorum (官話) Formosae lingua publica est,

cum lingua cantonensis (廣東話) sit Victoriae Macaique.

In Iaponia nonnullae distinctae characterum copiae prosunt : non modo characteres serici (qui *kanji* nominantur), verum etiam characteres proprii Iaponiae qui numquam fere ad characteres sericos referunt. Sicut Serica, Iaponia characteres sericos ad usum suam simpliciores fecit, eae mutationes tamen a Sericae differunt. Rationes scripturae japonicae in parte II.III.III amplius disputantur.

In Corea characterum sericorum usus nunc angustissimus est. Praesertim ad propria nomina sicut hominis locique sunt. Huc accedit quod praecipuae causae sunt ubi characteres serici reperiri possunt, exempli gratia Corea meridiana interdum Coream septentrionalem charactere serico 北 'septentrio' significat.

Lingua serica officiorum una de quattuor linguis publicis singaporensibus ac plerorumque Singaporae sermo est. Sic characteres serici magna pars cultus singaporensis sunt. Ab anno MCMLXIX, characteres serici simpliciores pro characteribus principalibus sufficiuntur. Ab anno MCMLXXVI, characteres simpliciores singaporenses cum Sericae congruunt.

Languens, characterum sericorum usus in pago indosinensi, id est scriptura *chữ nôm*, evanescit. Ea nunc modo ad caerimonias ornamentaque est et solum ab aliquot doctis mundi scitur. Litterae latinae extensae nonnullis signis pro characteribus sericis sufficiuntur, ex parte adfectionis deductionis coloniae gallicae causa.

Ad concludendam hanc partem de partitione terrestri characterum sericorum, propinquam rationem scripturae proponimus :

𡭕 𩇕 𠎿

typus imprimendi 'Tangut Yinchuan' - Jing Yongshi

DESCRIPTIO II.IV : Scriptura tangutensis : vetera ratio scripturae propinqua charaĉterum sericorum.

scriptura tangutensis (scriptura *xixia* etiam nominatur). Lingua scripturaque tangutensis in regionibus Tibeti Birmaniaeque utique a saeculo undecimo ad saeculum sextum decimum proderant. Tria charaĉteris tangutensis exempla in descriptione II.IV (a sinistra ad dexteram : 'rutrum', 'magus', 'evidens') ad vagam comparationem cum charaĉteribus sericis dantur.

II.III   Rationes scripturae

Hic diligentius et multis exemplis varias rationes scripturae quae charaĉteribus sericis utuntur describimus. Haec pars est non ad definitam completamque descriptionem rationum scripturae diĉta-rum sed potius ad brevem introduĉtionem earum quae disputatio-nem charaĉterum sericorum per hunc librum praeparat.

II.III.I   Scriptura serica principalis

Scriptura serica principalis ad usum charaꝰterum sericorum pertinet sicut in indice charaꝰterum Kāngxī (e saeculo duodevicesimo) inscribuntur. Tametsi mutatio erga quorumdam charaꝰterum formam visa est, charaꝰteres indicis Kāngxī stabiles existimantur a domibus imperatoriis septentrionalibus et meridianis
(p.Ch.n. CDXX-DLXXXIX).

'apertus' ;
usus apud
Singaporam

Scriptura serica principali in Formosa Viꝰtoria
Macaoque utuntur verum tamen sunt aliquot characteris differentiae. Mutationum charaꝰteris exempla
(id est varietates singularis charaꝰteris) in tabula II.I
dantur : prima columna charaꝰteres Formosae habet
et secunda varietatem eorum erga scripturam Victoriae. In ea tabula, bini charaꝰteres duae distinꝰtae
varietates singularis charaꝰteris sunt. Vt in capite
quarto explicatur, singularis charaꝰter enim nonnullas distinꝰtas
scripturas (formas) habere potest, quarum aliae alias saepe referunt, exempli gratia forma vetus et forma vernacula et forma
principalis unius charaꝰteris.

II.III.II   Scriptura serica simplicior

Scriptura serica simplicior a continuis correꝰtionibus publicis actis Serica per saeculum vicesimum ad simpliciores charaꝰteres
reddendos est. Etenim charaꝰteres sericos simpliciores facere per

TABVLA II.I : Exempla mutationum characteris scripturae sericae principalis inter Formosam et Victoriam.

Formosae	Victoriae
裡	裏
峰	峯
群	羣
麵	麪
線	綫
村	邨

saecula visum fuit. Si saeculum vicesimum aspicitur, propositiones jam ab anno MCMIX (K. Lubi) fieri coeperunt et ea quaestio gubernatione serica circa annum MCMXXX primum tractata fuit. Prima copia trecentorum viginti quattuor characterum simpliciorum anno MCMXXXV publice indicta est. Exempla characterum simpliciorum et formae principalis eorum in tabula II.II dantur.

Vt ante dictum est, inter annos MCMLXIX et MCMLXXVI Singapora characteribus sericis simplicioribus qui autem a characteribus simplicioribus Sericae paulum differunt utebatur. Exempla differentiae characterum simpliciorum inter Sericam Singaporamque in tabula II.III dantur cum formis principalibus ad collationem.

TABVLA II.II : Characterum simpliciorum exempla sicut scriptura
serica simplicior nunc utitur.

scriptura principalis	scriptura simplicior
長	长
業	业
見	见
個	个
関	关

II.III.III Scriptura japonica

Vt summatim dictum est, nonnullae rationes scripturae in Iaponia
prosunt, notabiliter characteres serici. Primum, hodierni characteres serici Iaponiae a characteribus qui antea proderant differunt,
et id quoque est correctionum gubernationis japonicae ad simpliciores characteres causa (is motus ad simpliciores characteres
ab anno MCMXLVI est, ac characterum simpliciorum tabula anno
MCMXLIX publice nuntiata est). Characterum factorum simpliciorum exempla in tabula II.IV dantur ; formae usitate novae veteres-
que dicantur. Characteres simpliciores adoptati Iaponia et Serica
inter se differunt. Exempli causa, character 樂 'gratum' simplicior
fit charactere 乐 in Serica et charactere 楽 in Iaponia.

Contra rationem scripturae sericam quae modo characteribus

TABVLA II.III : Exempla differentiae charaĉterum simpliciorum
inter Sericam Singaporamque (MCMLXIX-MCMLXXVI).

scriptura	scriptura simplicior	
principalis	Sericae	Singaporae
開	开	闬
來	来	耒
發	发	発
惡	恶	悪
場	场	坊

sericis utitur, propriae charaĉterum copiae rationi scripturae japonicae etiam prosunt : charaĉteres *kana*. *Hiragana* et *katakana*
duae communissimae copiae inferiores charaĉterum *kana* sunt.
Sicut litterae latinae, charaĉteres *kana* litterae vocales sine adsig-
nata significatione sunt. Charaĉteres *kana* a charaĉteribus sericis
oriuntur sicut in tabula II.V fertur (charaĉterum appellatio secundum gentium indicem vocalem (*Alphabet phonétique international*) datur). Hujus temporis scriptura japonica, ei charaĉteres grammaticae appellationique prosunt. Itaque interdum linguae
orthographia dicuntur (velut Tsuneari Fukuda describit[2]).

_____

[2]'Linguae japonicae schola mea' (私の國語教室, in lingua japonica), Tokii,
Iaponia : Shinchosha (新潮社), MCMLX.

TABVLA II.IV : Exempla chara&erum fa&orum simpliciorum in
saeculo vicesimo apud Iaponiam.

forma vetus	forma nova
亞	亜
鹽	塩
驛	駅
圖	図
聲	声

TABVLA II.V : Pars chara&erum *kana* ad demonstrandam vetus-
tam conexionem cum chara&eribus sericis.

sonitus	hiragana		katakana	
	littera	origo	littera	origo
[a]	あ	安	ア	阿
[i]	い	以	イ	伊
[u]	う	宇	ウ	宇
[e]	え	衣	エ	江
[o]	お	於	オ	於

Contra charaɛteres *kokuji*, qui certae regionis proprii characteres etiam sunt (partem II.IV conferre), velut Iaponiae, charaɛteres
hiragana et *katakana* charaɛteres serici non existimantur nam
illi ab his modo proficiscuntur.

Postremo, aliae rationes scripturae animadvertantur in Iaponia
quondam profuisse et hodierna scriptura japonica prope abesse.
Tales charaɛterum copiae exempli gratia charaɛteres *hentaigana* et *sōgana* habent qui sicut charaɛteres *hiragana* et *katakana*
a charaɛteribus sericis proficiscuntur sed charaɛteres serici non
dicuntur. Aliud notabile exemplum copiae charaɛterum sunt charaɛteres *kana* Formosae qui a charaɛteribus *katakana* sunt et cum
Formosa Iaponia tenebatur (MDCCCXCVI-MCMXLV) profuerunt.

II.III.IV Scriptura coreana

Corea septentrionalis et meridiana litteris vocalibus *hangul* ut
principi ratione scripturae utitur. *Hangul* tamen per saecula simul
cum charaɛteribus sericis (in lingua coreana *hanja* nominantur) in
Corea prosunt. Verum enimvero, Coreanorum scientia erga charaɛteres sericos evanescenti, scripturae *hanja* usus animadvertatur
nunc multum minuri. Superstites usus charaɛterum sericorum in
Corea praesertim ad nomina propria sicut nomina gentium locorumque et religionem decoraque sunt. Vsus ad capita aɛtorum
et magnificentiam etiam sunt. Exempli gratia, in Corea meridiana Corea septentrionalis charaɛtere 北 'septentrio' referetur. Is
decrescens usus existimari potest principalis causa nullae cor-

rectionis factae ad simpliciores characteres in paeninsula coreana, contra Sericam Iaponiamque. Itaque characteres serici Coreae formis principalibus sunt, scripturae sericae principalis modo (sunt tamen quaedam differentiae). Quidam characteres serici animadvertantur proprii Coreae esse, characterum *kokuji* Iaponiae modo. Illi sunt characteres *gukja* ; in parte II.IV explicantur.

II.III.V   Scriptura anamitica (*chữ nôm*)

Vsque ad initium saeculi vicesimi, Vietnamia quae sub tempore ut Anama etiam referetur scriptura *chữ nôm* utebatur, quae ratio scripturae characteribus sericis est. Ex parte adfectionis deductionis coloniae gallicae causa, ab annis MCMXX locum scripturae *chữ nôm* latinae litterae extensae multis signis obtinent. Erga scripturam *chữ nôm*, ad accommodandam appellationem vietnamensem quidam characteres a characteribus sericis ficti sunt, et sic characteres serici solum ad scripturam vietnamensem prolati sunt (partem II.IV conferre). Ita, velut scriptura japonica coreanaque, scriptura *chữ nôm* characteres sericos et characteres (sericos) proprios Vietnamiae habet, sed propriis characteribus magis utitur quam scriptura japonica coreanaque. Vna e nobilissimis litteris Vietnamiae, poema 'Fabella Kieu' (傳翹 scriptura *chữ nôm*), notabiliter per scripturam *chữ nôm* in tabulas relata est. Hodie scriptura *chữ nôm* modo ab aliquot doctis scitur. Ea ratio scripturae igitur in magno periculo extinctionis versatur.

II.IV   Charaɛteres serici proprii

In hac parte, charaɛterum sericorum propriorum conspeɛtum da-
mus, id est charaɛteres proprii alicujus terrae vel regionis. Quoniam a charaɛteribus sericis proficiscuntur (etsi a scriptura serica
absunt), ei ad comprehensionem etiam charaɛteres serici dicuntur.
Rem Iaponiae Coreae Vietnamiaeque aspicimus.

II.IV.I   Scripturae japonicae charaɛteres *kokuji*

'terra',
'regnum'

Primae linguae japonicae sericaeque libere fuerunt
(*yamatokotoba* tritum nomen ad primam linguam
japonicam est). Charaɛteres serici postea ut pars
rationis scripturae japonicae Iaponia importati fuerunt, adtribuenti verbo japonico, si poterat, charaɛterem sericum quo Serica tunc utebatur et cujus significatio cum primitivi verbi japonici congruebat. Exempli causa, verbo japonico *mizu* 'aqua' charaɛter sericus 水 cujus
significatio eadem est adtribuitur. Quaestiones tamen apparuerunt : quid facere erga primitiva verba japonica quibuscum nullus
charaɛter sericus congruebat ? Vsitatum specimen est genera naturalia (velut genera herbaria) inventa in insulis japonicis at non in
Serica. Ad tales casus in Iaponia necesse fuit novos charaɛteres
induci : charaɛteres *kokuji*, etiam *wasei kanji* nominati. Sic cum
Iaponiae charaɛteres serici (*kanji* ergo non *kokuji*) ambas sericas
et japonicas appellationes habeant (*on* et *kun*, pro se quaeque ;

characteris appellationes in sequenti parte explicantur), plerique characteres proprii Iaponiae *kokuji* solum appellationes japonicas habent (id est appellationes *kun*). Exceptiones tamen sunt nonnulli characteres *kokuji* enim ambas aut modo *on* appellationem habent (tabulam II.VI conferre). Characteres *kokuji* non modo ad naturalia genera resque, sed etiam ad proprietates hominis sicut partes corporis, vitam sicut alimenta vestimentaque, materiam instrumentaque, linguam sunt secundum opus Naokata Ban temporis Edo *Kokujikō* (國字考) ut Encyclopedia Nipponica[3] et opus Hiroyuki Sasabara[4] referunt.

   Multi characteres *kokuji* sunt etiamsi erga nonnullos characteres incertum est utrum *kokuji* an *kanji* sint, id est num primum aut in Iaponia aut in Serica appareant. Ita aliquot rationes in litteris sunt : unus et octoginta characteres dantur in opere Hakuseki Harai *Dōbun tsūkō* (同文通考) anni MDCCLX, centum viginti sex in opere Naokata Ban *Kokujikō* (國字考) saeculi duodevicesimi et undevicesimi, sescenti quadraginta unus (sine varietatibus) in propiore opere Etsuko Obata Reiman 'Characteres *kanji* facti a Iaponicis ʹ variae quaestiones de propriis characteribus'[5] ex-

---

[3] 日本大百科全書 (in lingua japonica), Tokii, Iaponia : Shogakukan (小学館), MMI.

[4] 'De intentione editionis *Kokujikō* ʹ stemma gentis studii characterum *kokuji* quaerere ʹ (『國字考』の編纂意図の考察—国字研究の一系譜を探る—, in lingua japonica), litterae facultatis litterarum artum scientiarumque universitatis Waseda, volumine XVII, paginis I-XIV, MCMXCIII.

[5] 日本人の作った漢字—国字の諸問題 (in lingua japonica), Tokii, Iapo-

TABVLA II.VI : Exempla charaƌerum *kokuji* cum appellationibus eorum ; appellationes *on* ad charaƌeres *kokuji* rarae sunt.

kokuji	appellatio *on*	appellatio *kun*	significatio
峠	′	*tōge*	montis transitus
凪	′	*nagi*	malacia
凩	′	*kogarashi*	frigidus ventus
雫	′	*shizuku*	aquae gutta
鱇	*kō*	′	鮟鱇 : batrachus
腺	*sen*	′	glandula
鋲	*byō*	′	cimex (clavus)
働	*dō*	*hataraki*	opera

plicantur. Magna pars eorum charaƌerum *kokuji* tamen minime prosunt. Exempli causa genera naturalia incommode saepe litteris vocalibus *katakana* pro congruenti charaƌere serico scribuntur (ad simpliciorem leƌionem quidem, appellationis sensu, sed facilitatis legendi detrimento, intellegentiae sensu). Tritus aditus ubi novus charaƌer ad propria verba Iaponiae fingendus erat duos usitatos charaƌeres sericos per significationem componere (id est littera composita per figuras ; partem III.II conferre) erat. Exempla

nia : Nan'Un-Do (南雲堂), MXM.

sequuntur.

Charaĉteres *kokuji* in scriptura japonica statim a Nara tempore (p.Ch.n. DCCX-DCCXCIV) reperiuntur, velut charaĉter *kokuji*
蘰 'vitis' qui testatus in poematum corpore *Manyōshū* (萬葉集)
saeculi septimi oĉtavique est (exempli gratia conferre poema cente-
simum undequinquagesimum ad charaĉterem *kokuji* 蘰). Ac multi charaĉteres *kokuji* animadvertantur in tempore Meiji (MDCCC
LXVIII-MCMXII) introduĉti esse, quod Iaponiam ex pristina so-
cietate ad hodiernam societatem transire vidit et per quod novae
conexiones ad externos cultus artesque induĉtae fuerunt atque ita
nova verba apparuerunt ad describendas nuper importatas infor-
mationes velut 母音 'vocalis' et 子音 'consonans'. Interim, eam
novitatis incitationem sequentes, experientiae charaĉterum com-
positorum faĉtae fuerunt, probabiliter ad commodum. Exempli
causa, certe rari charaĉteres *kokuji* 轌 'hamaxostichus (carrorum
commeatus per machinas)' et 俥 'viro traĉtum plaustrum' qui
uterque congruentis verbi charaĉteres sericos componit, 電車 et
人車, pro se quidque. Praeterea, de tribus charaĉteris sericis 米,
立, 瓦 qui ad designandam non solum primam significationem,
sed etiam unitatem mensurae intervalli (metrum) liquoris (litrum)
ponderisque (gramma), pro se quaeque, sunt, charaĉteres *kokuji*
in scriptura japonica ad universas unitates mensurae scientiae velut 粁 'chiliometrum' (千 'mille'), 竍 'decalitrum' (十 'decem'), 瓸
'heĉtogramma' (百 'centum') fiĉti sunt.

Notabiliter aliquot charaĉteres *kokuji*, id est qui in Iaponia
primum inventi fuerunt, in Sericam eveĉti sunt et nunc illic prosunt.

Sunt exempla talium characterum 畑 'ager' et 腺 'glandula'.

Ad finiendam hanc partem, nonnulli characteres serici scriptu‑
rae japonicae animadvertantur significationem quae a significatione
primorum characterum differt habere. Hoc appellatione *kokkun*
nominatur et characterum sericorum usus qui proprius scripturae
japonicae est designat, ad characteres *kokuji* igitur refert. Quon‑
iam ei characteres non novi sunt, id est sine mutatione sed alia
significatione prosunt, ad hanc partem non conveniunt.

II.IV.II Scripturae coreanae characteres *gukja*

Scriptura coreana quoque proprios characteres suos habet qui de
characteribus sericis sunt. Tales characteres proprii scripturae co‑
reanae characteribus *gukja* (國字) nominantur, id est eodem verbo
ac linguae japonicae : verbum *kokuji* quoque in lingua japonica
國字 (国字 autem hodiernis characteribus) scribitur. Characteres
gukja multo pauciores sunt quam characteres *kokuji* scripturae
japonicae et characteres proprii scripturae anamiticae (sequentem
partem conferre). Vt characteres proprii aliarum linguarum, ita
characteres *gukja* fere vel ad res proprias Coreae sunt, sicut no‑
mina gentilicia, vel ad suggerendum characterem pro verbo cujus
appellatio cum nullo charactere serico congruit.

Characteres *gukja* duobus principalibus generibus hoc modo
partiri possunt :

genus I

Characteres qui characteres sericos componunt, plerumque

duos. Tales characterum compositiones prope per sonitum significationemque conglutinatio aut per significationem conglutinatio sunt (characterum conglutinationes in capite tertio describuntur).

genus II

Characteres qui characteri serico parvam singularem atomum addunt, saepe ex *hangul* ductam, velut ㄱ, ㅁ, ㄴ (id est ㄹ).

Exempla in tabula II.VII dantur. Notabiliter, scriptura coreana et japonica characteribus propriis ad distinguenda diversa agri genera nisae sunt, diligenter distinguentes oryzae agrum ab aliis. Cum scriptura japonica charactere proprio 畑 ad significandum agrum et charactere serico 田 ad significandam oryzae sationem utatur, scriptura coreana contra facit : character proprius 畓 ad significandam oryzae sationem est et character sericus 田 ad significandum agrum.

Praeterea, sicut scripturae japonicae characteres *kokkun*, characteres *gukja* usitatos characteres sericos pro verbis quorum significatio ad primam characteris significationem non refert etiam habent, ergo characteris proprii usus est. Exempli causa, character 串 primam significationem 'veru' habet verum ubi in lingua coreana prodest, 'promunturium' significat. Quoniam ei characteres non novi sunt, ad hanc partem non conveniunt.

TABVLA II.VII : Exempla charaſterum *gukja*, hoc est charaſterum propriorum scripturae coreanae.

	gukja	appellatio	significatio
genus I	畓	*dap*	oryzae satio
	媤	*si*	domus (viri)
	欌	*jang*	vestiarium
	餻	*pyeon*	oryzae crustulum
genus II	乭	*dol*	(solum ad sonitum pro
	乫	*hal*	nomine gentilicio ; signi-
	乶	*bol*	ficationem non habent)
	旕	*geok*	

II.IV.III   Charaſteres proprii scripturae *chữ nôm*

In collatione charaſterum propriorum introduſtorum in scripturam coreanam atque etiam japonicam, charaſterum propriorum
scripturae anamiticae summa maxima est, milibus charaſterum. Ei
charaſteres tribus generibus hoc modo partiuntur :

conglutinationes per sonitum significationemque
> Principalis copia charaſterum propriorum scripturae *chữ*
> *nôm* et generaliter charaſterum sericorum est. Erga ver-
> bum anamiticum *w*, charaſter *chữ nôm* hujus generis duos

characteres sericos componit : alterius appellatio cum appellatione verbi *w* congruit, alterius significatio cum significatione verbi *w* congruit. Est tritum exemplum verbum
anamiticum *ba* 'tres' (inter alias significationes) quod charactere proprio *chữ nôm* 唑 *ba* scribitur, qui characterem
巴 ad appellationem sericam *ba* cum charactere 三 ad significationem 'tres' componit. Est aliud exemplum verbum
anamiticum *năm* 'annus' (inter alias significationes) quod
charactere proprio *chữ nôm* 觡 *năm* scribitur, qui characterem 南 ad appellationem sericam *nán* cum charactere 年
ad significationem 'annus' componit.

conglutinationes per significationem

Hujus generis character *chữ nôm* quoque duos characteres
sericos componit sed ad significationem utriusque characteris, et aliquotiens significatio characteris alterius alteriusque
propinquiores sunt. Quamquam interdum difficile est partitionem confirmare, character proprius *chữ nôm* 趻 *sánh*
'compare' componens characterem 並 cum charactere 多
(ambo 'nonnullus'), 瞵 *trōm* 'cavernosus (oculus)' componens characterem 目 cum charactere 覽 (ambo 'videre'),
丕 *trời* 'caelum' componens characterem 天 cum charactere 上 (ambo 'super') conglutinationes per significationem
existimari possunt.

characteres serici mutati

Postremo, nonnulli characteres proprii scripturae *chữ nôm* mutatus character sericus sunt, et saepe simplicior character sericus. Tales characteres paululissimi sunt, atque ei notissimi probabiliter sunt 仒 *ấy* 'iste, is' a charactere serico 衣 proficiscens et ⌒ *làm* (generaliter forma 爫 aut 𠂉 in scriptura anamitica) 'facere' conjectura a charactere serico 濫 *lạm* proficiscens.

Aliquot alia exempla characteris proprii scripturae *chữ nôm* qui conglutinatio per sonitum significationemque sunt in tabula II.VIII dantur. Cum aliis rationibus scripturae per characteres sericos congruentes, conglutinationes per sonitum significationemque et conglutinationes per significationem in capite tertio diligentius explicantur.

II.IV.IV   Characteres proprie simpliciores

Tametsi definitiones differre possunt, exempli gratia interest considerare num tales characteres formas publicas simpliciores capiant necne, character proprie simplicior hic definitur charactere qui in ratione scripturae non publice emendato charactere sed vulgari contractione recipitur. Exempli causa, quamquam character proprius *chữ nôm* 仒 *ấy* enim characteris serici 衣 proprie simplicior forma est, ut publice emendato charactere *chữ nôm* recipitur, ad hanc partem non convenit.

Talis haud publica characteris contractio praesertim ad scripturam japonicam coreanamque pertinet quoniam scriptura serica

TABVLA II.VIII : Characteres proprii scripturae *chữ nôm* qui con-glutinatio per sonitum significationemque sunt.

chữ nôm	appellatio	significatio	significationis radix
念	*nay*	nunc	今 'nunc'
嫩	*non*	mons	山 'mons'
膇	*duôi*	finis	尾 'cauda'
拫	*ngón*	digitus	手 'manus'
壜	*vung*	operculum	土 'humus'

antea magnis correctionibus publicis ad simpliciores characteres subjecta est, cum scriptura anamitica satis diu probabiliter non pro-fuerit, vel satis litteratis, ad reddendam contractionem characterum necessariam. Nonnulli characteres proprie simpliciores scriptu-rae japonicae enim cum charactere simpliciore publico scripturae sericae congruunt. Exempli gratia, in scriptura japonica charac-ter 鱼 propria simplicior forma ejus scripturae pro charactere 魚 est, simul autem character 鱼 publica simplicior forma scripturae sericae pro charactere 魚 est. In lingua japonica, tales characte-res proprie simpliciores vocabulo *ryakuji* (略字) referuntur, et in lingua coreana vocabulo *yakja*. Tales characteres clare ad redden-dam scriptionem facilem sunt. Vt haud emendati existimantur, a scriptis absunt. Tabernarum viarumque signa tamen frequens usus charaƈterum proprie simpliciorum sunt.

Quae imago in descriptione II.va datur oris instrumenti mensurae aquae operculum japonicum super solum demonstrat cujus signum 量水器 'instrumentum mensurae aquae' notabiliter charaƈtere proprie simpliciore 呉 pro charaƈtere 器 inscribitur. Tractationis difficultates, sicut formas insculpere, probabiles causae sunt cur talis charaƈter proprie simplicior illic prosit. Alia imago in descriptione II.vb datur quae pars signi stationis vehiculi demonstrat propria simpliciore forma pro charaƈtere 駐 (totum signum 駐車禁止 'statio interdiƈta' inscribitur). Illic probabilissime necesse fuit charaƈteris formam simpliciorem fieri propter latitudinem penicilli ad pingendum signum. Penicilli latitudo probabiliter major fuit ad descriptionem omnium partum formae (id est lineamentorum) charaƈteris.

Alia exempla erga scripturam japonicam in tabula II.IX dantur cujus tres simpliciores charaƈteres 詤, 杖, 尺 simplicioris charaƈteris exempla littera vocali (*katakana*) ad charaƈteris appellationem *on* sunt: ギ *gi*, キ *ki*, マ *ma*, pro se quaeque. Exempla erga scripturam coreanam in tabula II.X dantur. Tales simpliciores charaƈteres interdum pro charaƈteris parte etiam prosunt. Exempli causa in scriptura japonica charaƈterem 門 *kado* 'porta' simpliciorem fieri charaƈtere 门 etiam videri potest in charaƈtere 間 *aida* 'intervallum' expedito charaƈtere 间.

(a)

(b)

DESCRIPTIO II.V : Imagines quae characteres proprie simpliciores demonstrant : (a) instrumenti mensurae aquae operculum japonicum simpliciore charactere pro charactere 器 ; (b) stationis vehiculi signum simpliciore charactere pro charactere 駐.

Notae librariae

I Origines japonicae rationis scripturae *kana*, velut vetustae scripturae *hentaigana*, in libro 'Historia linguae japonicae' (*A history of the Japanese language*, in lingua britannica ; Cantabrigiae, Britannia : editiones universitatis Cantabrigiae, MMX) a Bjarke Frellesvig explicantur. Ad illustrandum, multi characteres scripti forma scripturae ossium oraculi et aeris et duorum generum signi in facilissimis lectu

TABVLA II.IX : Exempla chara&eris proprie simplicioris linguae japonicae (id est *ryakuji*). Chara&er tritus et simplicior dantur.

chara&er tritus	chara&er simplicior
第	㐧
門	冂, 门
選	迬
品	畠
器	噐
議	訞
魚	鱼, 奐
職	臥, 耺
機	槻, 枅
濾	沪
曜	旺, 旺
摩	庌

indicibus Toten Watabiki 'Index scripturae ossium ora-culi' (甲骨字典 *Kōkotsu jiten*, MMXVI), 'Index scripturae aeris' (金文字典 *Kinbun jiten*, MMXIV), 'Index scriptu-rae parvi signi' (小篆字典 *Shōten jiten*, MMXIV), 'Index scripturae *inten*' (印篆字典 *Inten jiten*, MMXIV) dantur

TABVLA II.X : Exempla chara&eris proprie simplicioris linguae coreanae (id est *yakja*). Chara&er tritus et simplicior dantur.

chara&er tritus	chara&er simplicior
無	旡
驛	馹
權	权
麗	麗
廣	庞

(Tokii, Iaponia : Nigensha (二玄社)).

II Duobus voluminibus lingua Formosae linguam japonicam index 臺日大辭典 (primum editus officio praefe&i Formo‑ sae annis MCMXXXI‑MCMXXXII et alias anno MCMXCIII (Tai‑ pei, Formosae : Woolin (武陵出版社)) bonum exemplum usus chara&erum propriorum *kana* Formosae est. Editio prima in bibliotheca senatoria publica Iaponiae patet, et in numerio tabulario ejus.

III Veterioribus rebus, episcopus gallicus Jean‑Louis Taberd indicem 'Di&ionarium anamitico‑latinum' effecit qui clarum opus erga scripturam *chữ nôm* est. Ille index lingua anami‑ tico latinum primum anno MDCCCLXXXIV in Bengala editus fuit. Editio secunda ab anno MMIV ex Studiis nationis centro et editionis litterarum domo, Saigon, Vietnamia patet.

IV Lingua tangutensi linguam sericam index (夏漢字典) a Fan Wen Li editus est (Pekini, Serica : editiones scientiarum societatis Sericae (中國社會科學出版社), MCMXCVII, correta editio anno MMVIII). Ille index etiam conversiones in linguam britannicam et litteras romanas habet.

V Charateres proprii sicut linguae japonicae (id est *kokuji*) exempli gratia in libro 'Novi charateres proprii' a Tatsuo Nishii (奇妙な国字, in lingua japonica ; Tokii, Iaponia : Gentosha Renaissance (幻冬舎ルネッサンス), MMIX) tratantur, per quem praecipue duo mira exempla *kokuji* 燵 (velut in verbo 火燵 'kotatsu (humilis tabula calefaciens cum veste stragula)') et 纈 (velut in verbo 纐纈 'kohkechi (temporis Nara tinta fit involvendo)') diligenter explicantur.

VI Libri *Dōbun tsūkō* (同文通考, in lingua japonica) Hakuseki Harai saeculi duodevicesimi (anno MDCCLX) septem voluminibus editio numeria, qui unus et otoginta characteres *kokuji* indicat, in universitatis Waseda bibliotheca patet. Qui rari charateres *kokuji* velut 枻 'colorata folia', 椥 'tilia japonica', 朤 'lux lunae' habet.

VII Postremo novissimus liber 'Illuminatus charaȼterum propriorum index' (ビジュアル「国字」字典, in lingua japo-
nica) Hiroyuki Sasahara (Tokii, Iaponia : editiones Sekai-
bunka (世界文化社), MMXVII) deditus charaȼteribus propriis linguae japonicae completum indicem eorum charaȼterum demonstrat partiendis eis sex principalibus generibus :
de terra, animale, homine, vita, vivo, geographia. Is liber
multos charaȼteres *kokuji* explicat, notabiliter exponendis
infrequentibus formis sicut 軔 'hamaxostichus (carrorum
commeatus per machinas)'.

CAPVT TERTIVM

Descriptio usitata

In hoc capite characteres serici et eorum proprietates usitate describuntur ac fundamenta ad profundiorem disputationem in sequentibus capitibus ita ponuntur.

III.I Lineamenta

'lineamentum',
'forma'

Character sericus sive ex uno lineamento fit sive aliquot lineamenta componit. Characteris lineamenta penicillo ad pulchram scripturam primum pingebantur, et id causa modi pingendorum aut scribendorum lineamentorum (regio penicilli aut hodierni stili, pro se quaeque) est.

Coulmas (notas librariae conferre) octo principalia lineamenta characterum sericorum explicat. Ea in tabula III.I dantur. Omne lineamentum nomen habet, quod a lineamenti for-

TABVLA III.I : Octo principalia lineamenta explicata a Coulmas ad scribendos characteres sericos. Appellatio serica japonicaque ad omne lineamentum dantur.

| | nomen | appellatio | | |
lineam.	sericum	serica	japonica	significatio
ヽ	点	*diǎn*	*ten*	punctum
一	横	*héng*	*yoko*	ad libellam
丨	竪	*shù*	*tate*	ad perpendiculum
丿	撇	*piě*	*hidari harai*	sub sinistra
ヽ	捺	*nà*	*migi harai*	sub dextera
一	提	*tí*	*hane*	crescendo
亅乚乚乚	鈎	*gōu*	*hane, kagi*	uncus
乛 乛	折	*zhé*	*ore*	vertendo

ma vel specie proficiscitur. Modus scribendi lineamentorum in descriptione III.I demonstratur exemplis de principalis lineamentis tabulae III.I.

Extra octo principalia lineamenta, alia saepe definiuntur. Exempli gratia, index Unicode triginta sex lineamenta tabulae III.II et III.III (principali situs linguarum (*Basic Multilingual Plane (BMP)*) intervallum 31c0-31ef) habet. Ad omne lineamentum character qui eo utitur ut specimen datur.

diǎn   héng   shù   piě   nà   tí   gōu   zhé

DESCRIPTIO III.I : Regio scribendi principalium lineamentorum. Appellatio serica lineamentorum datur ad referendum.

Postremo, lineamenta quae charaĉterem fingunt praecipuo ordine scribuntur, hoc est ordo scribendi. Ordo scribendi omnis charaĉteris haud absolute definitur et potest differre inter populos. Publica institutio erga ordinem scribendi tamen gubernationis imperiis sicut educationis ministerio japonico saepe definitur. Vt in indice mundi Heibonsha[1] dicitur, ordo scribendi charaĉteris ab efficacitate scribendi, sicut penicilli traĉtatu, et ratione ex vetustatis usu oritur. Ordo scribendi ita a nonnullis primus ad charaĉteres memoria retinendos ducitur (probabiliter gestus memoria). Generaliter, charaĉteris lineamenta a summo ad infimum et a sinistra ad dexteram scribuntur. Exempli gratia, charaĉter 立 lineamentorum ordine ﹨, 一, |, |, 一 scribitur et charaĉter 日 lineamentorum ordine |, ﹁, 一, 一, 一. Ad demonstrandas ordinis scribendi differentias quae inter varias scripturas apparere possunt, charaĉterem 必 famosum propter turbulentum ordinem scribendi memoramus qui in scriptura japonica ordine ﹨ (summi), ╱, ﹀, ﹨ (sinistrae),

---

[1] 世界大百科事典 (in lingua japonica), editio secunda, Tokii, Iaponia : Heibonsha (平凡社), MCMXCVIII.

TABVLA III.II : Indicis Unicode triginta sex lineamenta ad scriben-
dam characteres sericos - pars prima (intervallum 31C0-31D1).

lineamentum	nomen	appellatio serica	specimen
⸍	提	*tí*	准
)	彎鉤	*wān gōu*	狸
⸜	斜鉤	*xié gōu*	浅
⸝	扁斜鉤	*biǎn xié gōu*	心
∟	豎彎	*shù wān*	忙
⺄	橫折折	*héng zhé zhé*	凹
⼁	橫折鉤	*héng zhé gōu*	司
⼌	橫撇	*héng piě*	今
⺄	橫折彎鉤	*héng zhé wān gōu*	風
⺄	豎折彎鉤	*shù zhé wān gōu*	弓
⼂	橫折提	*héng zhé tí*	说
⼃	橫折折撇	*héng zhé zhé piě*	庭
⼄	橫折彎鉤	*héng piě wān gōu*	部
⺄	橫折彎	*héng zhé wān*	設
⺄	橫折折折	*héng zhé zhé zhé*	凸
⼂	捺	*nà*	人
一	橫	*héng*	三
⼁	豎	*shù*	中

TABVLA III.III : Indicis Unicode triginta sex lineamenta ad scriben-
dam characteres sericos - pars secunda (intervallum 31D2-31E3).

lineam.	nomen	appellatio serica	specim.
ノ	撇	*piě*	父
丿	豎撇	*shù piě*	机
丶	點	*diǎn*	丼
㇇	橫折	*héng zhé*	口
㇐	橫鉤	*héng gōu*	子
ㄴ	豎折	*shù zhé*	山
㇈	豎彎折	*shù wān zhé*	淵
㇊	豎提	*shù tí*	以
㇚	豎鉤	*shù gōu*	水
く	撇點	*piě diǎn*	巡
㇟	撇折	*piě zhé*	公
㇏	提捺	*tí nà*	入
㇂	豎折折	*shù zhé zhé*	亞
㇗	豎彎鉤	*shù wān gōu*	礼
乙	橫斜彎鉤	*héng xié wān gōu*	乞
㇋	橫折折折鉤	*héng zhé zhé zhé gōu*	乃
㇓	撇鉤	*piě gōu*	ㄨ
○	圈	*quān*	㗾

＼ (dexterae) scribitur et in scriptura serica ordine ＼ (sinistrae),
◡, ＼ (summi), ╱, ＼ (dexterae) et in scriptura Formosae ordine ＼ (sinistrae), ◡, ＼ (summi), ＼ (dexterae), ╱. Turbari enim
potest. Ordo scribendi characteris in parte V.IV amplius agitatur.

III.II Sex scripturae

'terra' et etiam
'sex'

Characteres serici duobus modis usitate partiuntur.
Primus partitionis modus per characteris clavem
est ; id sequentis partis (pars III.III) res est. Secundus partitionis modus per sex scripturas (六書,
liùshū in lingua serica et *rikusho* in lingua japonica) est. Partitio per sex scripturas veterior quam
ea per clavem usitate ducitur. Vsus ejus in indice
Shuōwén jiězì saeculi secundi reperiri potest, atque etiam veterior
fortasse sit tametsi hoc controversiae subjicitur. Nihilominus
multo veterior est quam hodierna partitio per clavem quae in
saeculo duodevicesimo oritur.

Sex scripturae totidem characteris genera designant et unusquisque character sericus singularis generis est. Omne genus
characteres ejusdem structurae (id est ejusdem muneris relatio-
nisque inter varias characteris partes) habet. Ea sex genera infra
dantur. Ad omne genus characteris exempla ostenduntur.

litterae per imagines ‑ 象形

Hi characteres directe de significationis imagine sunt. Tria

TABVLA III.IV : Tria specimina litterae per imagines : 山 'mons', 雨 'pluvia', 馬 'equus', data per scripturas.

scriptura ossium oraculi	scriptura aeris	scriptura magni signi	scriptura signi	scriptura trita
				山
				雨
				馬

exempla litterae per imagines 山 'mons', 雨 'pluvia', 馬 'equus' in tabula III.IV variis scripturis descriptis in parte II.I (scriptura ossium oraculis, aeris, magni signi, signi, trita) dantur ad melius intellectam characteris originem.

litterae per figuras - 指事

Hi characteres partum positionem vel relationem inter eas directe indicant. Sunt exempla characteris per figuras qui positionem indicant character 上 'summum, supra' et 下 'inferum, infra', quorum longum lineamentum ad libellam signum ad se referendum est. Sunt exempla characteris per figuras qui rationem directe indicant character 一 'unum', 二 'duo', 三 'tria'. Postremo, sunt exempla characteris per

figuras qui parte ad indicandum praecipuum locum alterius partis utuntur charaĉter 本 'radix, origo' cujus inferius lineamentum ad libellam arboris radicem designat et 末
'summum' cujus superius lineamentum ad libellam arboris
summum indicat.

conglutinationes per sonitum significationemque - 形聲

Hi charaĉteres partem ad appellationem cum alia parte ad
significationem componunt. Conglutinationes per sonitum
significationemque generaliter formam clave (ad significationem) ac parte vocali habent, et ita conglutinatione per
clavem sonitumque etiam nominantur. Constat, et ut in capite quinto demonstratur, plerosque charaĉteres (ab oĉtoginta
centesimis partibus ad nonaginta centesimas partes inter
varios indices) conglutinationem per sonitum significationemque esse. Sunt eorum charaĉterum exempla charaĉter 河
'flumen' qui significationem clavis 氵 'aqua' cum appellatione
charaĉteris 可 componit, et 杭 'palus, stipes' qui significationem clavis 木 'arbor' cum appellatione charaĉteris 亢
componit.

conglutinationes per significationem - 會意

Hi charaĉteres partum significationes componunt. Sunt
exempla conglutinationis per significationem charaĉteres
林 '(minor) silva' et 森 '(major) silva' qui bis terque characterem 木 'arbor' componunt, pro se quidque, ac charaĉter

明 'clarum' qui chara&erem 日 'sol' cum chara&ere 月 'luna' componit.

Sonitus mutuationes - 假借

Hi chara&eres appellationem mutuantur ad designandam omnino aliam significationem. Est exemplum chara&eris per sonitus mutuationem ('rebus' etiam nominatur) chara&er 來, cujus prima significatio 'triticum' est et, cujus appellatione (*lái* in vetere lingua serica, *rai* in lingua japonica) ad appellationem verbi 'venire' appropinquanti, nunc ad describendum verbum 'venire' est, ac verbum 'triticum' nunc chara&ere 麥 (cujus appellatio in *mài* mutata est) designatur. Est aliud exemplum chara&er 要, cujus prima significatio 'latus (medius homo)' est et, cujus prima appellatione *yāo* appellationem verbi 'velle' appropinquanti, nunc ad describendum verbum 'velle' est, ac verbum 'latus' nunc chara&ere 腰 designatur.

Adfines chara&eres per dedu&ionem - 轉注

Tametsi experientiae explanandi propositae sunt (exempli gratia paginam duodecimam libri Leon Wieger 'Chara&eres serici'[2] conferre), hoc chara&eris genus adhuc obscurum manet. Duo exempla adfinis chara&eris per dedu&ionem data a Xu Shen in epilogo indicis ejus *Shuōwén jiĕzì* sunt chara&er 老 et 考 (volumine XV, parte I, paginis V-VI).

---

[2] *Caractères chinois*, in lingua gallica ; editio tertia, MCMXVI.

Vtriusque characteris prima significatio ad notionem 'vetus' referri potest.

III.III Claves

'collum', 'caput'

A saeculis (simplex temporum descriptio infra explicatur) characteres serici clavibus partiuntur. Ex principio, characteris clavis cum una characteris parte, aut in aliquot casibus toto charactere (exempli gratia 雨 'pluvia') congruit ac generaliter facile reperiri potest namque claves ad reddendam faciliorem partitionem characterum introductae fuerunt. In usu, id haud semper tam simplex est quam cogitatum est interdum enim difficile est characteris clavem reperire, praesertim cum character simplicior factus sit. Characteris clavis ita controversa esse potest, quod in capite octavo demonstratur. Characteris clavem definire ambiguum esse etiam potest, talis characteris partitio igitur inter indices differre potest. Exempli causa clavis characteris 全 est 玉 secundum indicem *Kadokawa shinjigen*,[3] 入 secundum indicem *Shinmeikai kokugo jiten*,[4] 人 secundum numerium indicem http://kakijun.jp.

---

[3] 角川 新字源 (in lingua japonica), editio revisa, Tokii, Iaponia : Kadokawa (角川), MCMXCIV.

[4] 新明解 国語辞典 (in lingua japonica), editio quinta, Tokii, Iaponia : Sanseido (三省堂), MCMXCVII.

Talis partitio chara&erem faciliorem repertu in principalibus libris sicut hodiernis indicibus reddit. In comparationem, cum verba scripta litteris latinis usitate ordine litterarum latinarum partiantur, quia litteris per verbum scriptura sunt talis ordo chara&eribus sericis prodesse nequit, aut saltem non ad usum. Alia partitionis institutio per lineamentorum numerum cogitari fortasse possit, verum iterum non idonea tra&atio consequatur propter multos chara&eres qui eumdem lineamentorum numerum habent. Nihilominus, lineamentorum numerus saepe ut secunda partitionis res prodest, hoc est, chara&eres primo clave ordinantur et secundo omnes chara&eres ejusdem clavis numero lineamentorum ordinantur, usitate crescenti ordine. Ad complendum, aliae partitionis rationes animadvertantur introdu&ae esse. Ad reperiendum chara&erem institutio 四角號碼 sìjiăo hàomă probabiliter notabilissima usitatissimaque supplens institutio partiendi est. Cujus aditus in adsignando numero integro omni parti in quattuor angulis chara&eris consistit, quamquam accidit ut aliquot chara&eres eamdem seriem quattuor numerorum habeant. Ea institutio etiam idonea est exempli gratia ad inveniendum tangutensem chara&erem (descriptionem II.IV conferre).

Vt in priore parte demonstratum est, plerique chara&eres serici conglutinatio per sonitum significationemque (conglutinatione per clavem sonitumque etiam nominatur) sunt. Chara&eris clavis ita saepissime chara&eris significationem tenet. Exempla in tabula III.V dantur.

Clavium usus ad partitionem chara&erum sericorum in jam

TABVLA III.V : Exempla clavium quae charaɛteris significationem tenent.

clavis	significatio	speciminum charaɛteris
木	arbor	榎 'celtis (arbor)', 楠 'camphora', 森 'silva'
魚	piscis	鮫 'squalus' 鯨 'balaena', 鮭 'sal- mo', 鯉 'carpa'
火	ignis	灰 'cinis', 燃 'urere', 煙 'fumus', 燒 'coquere'
水 (氵)	aqua	氷 'glacies', 汗 'sudor', 池 'stag- num', 涙 'lacrima', 泣 'lacrimare'

commemorato indice *Shuōwén jiĕzì* (説文解字) Xu Shen saeculi secundi primum reperiri potest. In illo vetusto scripto, charaɛte- res serici quingentis quadraginta clavibus partiuntur. Ea pristina partitionis ratio ratione indicis *Zìhuì* (字彙) superata est, qui in tempore domus imperatoriae Ming a Mei Yingzuo commissus est et anno MDCXV patuit. Index *Zìhuì* clavium numerum a quin- gentis quadraginta ad ducentas quattuordecim contraxit et eae claves etiamnum prosunt. Clavium charaɛterum copia hujus tem- poris ita ducenta quattuordecim elementa habet, quae primum 部首 *bùshŏu* nominata sunt in indice *Kāngxī* (康熙字典) saeculi duodevicesimi.

Ducentae quattuordecim claves quae nunc prosunt in tabula III.VI perscribuntur. Claves lineamentorum numero (in columna prima dato) usitate ordinantur. Nonnullae claves animadvertantur varietates habere, quae in ea tabula clavis dextera minore typo imprimendi demonstrantur (exempli gratia 亻 est varietas clavis 人). Admissae clavis varietates inter indices differre possunt, quod igitur partitionis controversiam etiam auget. Indicem Kadokawa shinjigen hic observamus (quamquam differentias solum re pulchra typorum imprimendi neglegimus).

III.IV Appellatio

'legere',
'interpretari'

Primo, linguam sericam coreanamque tractamus. In lingua serica, ex principio omnis character singularem appellationem habet etiamsi characteris appellatio inconstantiae subjicitur ubi distinctae dialecti sericae (velut lingua serica officiorum et lingua Cantoniae) aspiciuntur. Praeterea duo characteres eamdem appellationem habere possunt. Exempli causa, in lingua serica officiorum, characterum 糖 et 塘 uterque táng appellatur ac characterum 倘 et 淌 uterque tǎng appellatur. In lingua coreana, sicut in lingua serica, ex principio omnis character sericus (id est hanja) singularem appellationem habet. Exempli gratia, character 人 in appellatur, 大 dae, 小 so. Etsi linguae naturalis motus ad etiam separandam linguam sericam a lingua coreana

TABVLA III.VI : Vsitatae CCXIV claves characterum sericorum.

lín. num.	claves	clav. numer.
I	一 丨 丶 丿 乙 亅	VI
II	二 亠 人 亻 儿 入 八 冂 冖 冫 几 凵 刀 刂 力 勹 匕 匚 匸 十 卜 卩 㔾 厂 厶 又	XXIII
III	口 囗 土 士 夂 夊 夕 大 女 子 宀 寸 小 ⺍ 尢 尣 尤 尸 屮 山 巛 巜 川 工 己 巾 干 幺 广 廴 廾 弋 弓 彐 彑 彡 彳	XXXI
IV	心 忄 㣺 戈 戶 手 扌 支 攴 攵 文 斗 斤 方 无 旡 日 曰 月 木 欠 止 歹 歺 殳 毋 比 毛 氏 气 水 氵 氺 火 灬 爪 爫 父 爻 爿 片 牙 牛 牜 犬 犭	XXXIV
V	玄 玉 王 瓜 瓦 甘 生 用 田 疋 ⺪ 疒 癶 白 皮 皿 目 罒 矛 矢 石 示 礻 禸 禾 穴 立	XXIII
VI	竹 米 糸 缶 网 罒 罓 罓 羊 ⺶ 羽 老 耂 而 耒 耳 聿 肉 月 臣 自 至 臼 臼 舌 舛 舟 艮 色 艸 艹 虍 虫 血 行 衣 衤 西 襾	XXIX
VII	見 角 言 谷 豆 豕 豸 貝 赤 走 足 ⻊ 身 車 辛 辰 辵 辶 辶 邑 阝 酉 釆 里	XX
VIII	金 長 門 阜 阝 隶 隹 雨 青 靑 非	IX
IX	面 革 韋 韭 音 頁 風 飛 食 飠 首 香	XI
X	馬 骨 高 髟 鬥 鬯 鬲 鬼	VIII
XI	魚 鳥 鹵 鹿 麥 麦 麻	VI
XII	黃 黄 黍 黑 黒 黹	IV
XIII	黽 鼎 鼓 鼠	IV
XIV	鼻 齊 斉	II
XV	齒 歯	I
XVI	龍 竜 龜	II
XVII	龠	I
	summa :	CCXIV

tendit, quod easdem radices habent, appellationis similitudines
inter eas duas linguas etiamnum notari possunt.

Postea, linguam anamiticam (Vietnamiae) aspicimus. Character sericus usitatus in ratione scripturae anamitica (hoc est *chữ
nôm*) varias appellationes habere potest : exempli gratia, charaĉter
常 qui *xàng* appellari potest, id est direĉte de appellatione serica
ac retenta prima significatione. Etiam, charaĉter 常 a lingua serica
mutuus esse potest ad scribendum verbum linguae Vietnamiae
quod similem significationem habet ; exempli gratia ad scribendum
verbum *thường* 'saepe'. Est aliud exemplum charaĉter 本 qui secundum linguam sericam *bản* appellari potest aut qui mutuus esse
potest ad scribendum linguae Vietnamiae verbum *vốn* 'fundus,
pecunia'. Aliquot distinĉtae appellationes igitur erga unum characterem esse possunt. Talia exempla tamen infrequentiora manent
et, sicut in lingua serica coreanaque, charaĉterem sericum in lingua
anamitica unam appellationem habere generaliter recipitur. Vt ante
notatum est, duo distinĉti charaĉteres eamdem appellationem habere possunt, velut charaĉterum 剛 et 鋼 uterque *gang* appellatus.
Postremo, ut in capite secundo demonstratur, scriptura *chữ nôm*
charaĉteres proprios habet. Quorum maxima pars conglutinationes per sonitum significationemque sunt, id est, charaĉter ex
duabus partibus, pars ad appellationem anamiticam duĉtam ex
prima appellatione serica et pars ad significationem duĉtam ex
prima charaĉteris significatione.

Quod a ratione 'unus charaĉter, una appellatio' oritur, charaĉterum sericorum appellatio erga linguam sericam coreanam

anamiticamque simplicior est sub logica visione.

Res japonica multo difficilior est. Characterum appellationes enim duobus principalibus generibus partiri possunt : appellationes 訓 kun et appellationes 音 on. Prius ad appellationem propriam linguae japonicae refert, hoc est, ad linguam japonicam ut erat etiam antequam characteribus sericis utitur. Posterius ad appellationes ductas directe ex lingua serica refert. Lingua serica ipsa tamen animadvertatur distinctas appellationes ad singularem characterem habuisse, exempli gratia inter tempora. Et appellatio serica animadvertatur in lingua japonica eodem modo (id est sine mutatione) prodesse non potuisse ut sonitus unitates differunt. Nihilominus, appellationes on faciles relatu ad appellationes sericas characteris sunt, id est paulum accommodandis sonitibus.

Characteris appellationes on in lingua japonica nonnullis generibus etiam partiuntur secundum genus appellationis sericae unde hodierna appellatio on proficiscitur. Tres appellationes on usitate distinguuntur : 呉音 go-on, 漢音 kan-on, 唐音 tō-on (interdum 宋音 sō-on aut 唐宋音 tōsō-on nominatur), temporis ordine. Omnia tria genera appellationis ad omnem characterem haud semper perstant. Etenim appellatio tō-on erga paucissimos characteres scitur, plerique qui ad sectam buddhisticam Zen referunt. Praeterea, unus character eamdem appellationem go-on et kan-on habere potest.

Primum appellationis on genus quod Iaponiam adtigit, go-on, a meridiana dialecto serica meridianae regionis fluminis Yangtze in sex domibus imperatoriis probabiliter oritur. Proprietates sonantes appellationis *go-on* distinctionem inter consonantes vocales et haud vocales velut /t/ et /d/ ac conservationem primorum sonitum sericorum /m/ et /n/ habent. Appellatio *go-on* praesertim buddhismis verbis prodest.

Genus appellationis *on* sequens temporis ordine, *kan-on*, a septentrionali dialecto serica (contra appellationem *go-on* quae ad meridianam dialecton refert) domus imperatoriae Tang in regione hodiernarum urbium Xi'an et Luoyang oritur. Principales differentiae ab appellatione *go-on* sunt usus consonantium haud vocalium pro consonantibus vocalibus velut /s/ pro /z/, /t/ pro /d/, /f/ pro /b/, et consonantium vocalium /b/, /d/ pro primitivis sonitibus /m/, /n/ pro se quisque, et sonitus /tsu/ pro extremo sonitu /t/ cum /tchi/ in appellatione *go-on* sit.

Genus appellationis *on* sequens, *tō-on*, a serica domo imperatoria Song (宋 *sō*, unde alia nomina *sō-on* et *tōsō-on* ad hoc appellationis genus) in Jiangnan Zhejiang Nanjingque regione oritur. Iaponiam per mercatum et rem religiosam (praesertim sectam buddhistam Zen) in medio aevo adtigit (sic a Nagasaki fere in terram intravit). Modo pauca verba habentia appellationem *tō-on* perstant. Exempla quae eas tres principales appellationes *on* demonstrant in tabula III.VII dantur.

Postremo, extra appellationes *on* et *kun*, tertium genus appellationis characteris proprium linguae japonicae, 古音 *ko-on*, prius quam alia, etiam animadvertatur a linguarum doctis historicisque repertum esse. Paucissimae res ejus appellationis tamen sciuntur ; etiam geographica origo nescitur. Sunt exempla appellationis

TABVLA III.VII : Exempla quae linguae japonicae tres principales appellationes *on* demonstrant. Verbi specimina in parenthesibus dantur.

charact.	*go-on*	*kan-on*	*tō-on*
行	*gyō* (行書 *gyō-sho*)	*kō* (平行 *hei-kō*)	*an, hin* (行燈 *an-don*)
和	*wa* (和鳴 *wa-mei*)	*ka* (和鸞 *ka-ran*)	*o* (和尚 *o-shō*)

ko-on character 宜 *ga*, 里 *ro*, 意 *o*.

Digredientes, memoramus characteres *kokuji* ut in parte II.IV proferuntur modo fere appellationem *kun* habere. Id facile intellegi potest memorando characteres *kokuji* proprios Iaponiae esse, itaque sericas radices non habere ergo appellationem *on* non habere. Exceptiones tamen sunt : nonnulli characteres *kokuji* appellationes *on* solum habent et infrequentius sunt characteres *kokuji* ferentes appellationum *on* et *kun* utramque (tabulam II.VI conferre ad magis discendum et exempla).

In conclusionem hujus partis de appellatione characterum, animadvertimus usitate linguam japonicam etiam appellationibus *kun* vel *on* nonnullorum characterum sericorum uti ad scribenda verba sonitu (forma I). Ea verba saepe sunt aliena (mutua verba) verum haud semper. Res contraria quoque est : characteris appellationes non prosunt characteris significationes autem solum perstant (forma II). Talia verba plerumque mutua verba sunt. In utraque forma, tales characteres *ateji* nominantur. Quamquam parva est rariorum usuum verborum per characteres *ateji* causa, alia difficultas ad lectionem characterum sericorum in lingua japonica ita est : in forma I, ei characteres ut signa ad sonitum prodesse possunt quorum appellatio ad tritam appellationem *kun* et *on* magis aut minus appropinquat, vel etiam pejus in forma II ut signa ad significationem habentia externas appellationes (mutua verba). In forma prima, characteris significationes non aut minime pertinent. Sunt frequentia specimina verborum scriptorum characteribus *ateji* in forma I 寿司 *sushi* (cibus de crudo pisce), 目出度い *medetai* 'felix' erga verba nativa japonica, et 仏蘭西 *furansu* 'Gallia (Francia)', 珈琲 *kōhī* 'faba arabica' erga mutua verba. Sunt exempla in forma II verba 頁 *pēji* 'pagina', 庭球 *tenisu* 'teniludus' (ex characteribus 'horti pila'), 緑玉 *emerarudo* 'smaragdus' (ex characteribus 'viridis gemma') quae sic directe secundum linguam britannicam appellantur. Characterum *ateji* usus tamen decrescit cum scriptura *katakana* magis magisque eorum locum obtineat. In lingua serica, aliena verba transcribere secundum publicam normam sustentam nuntiorum officio Xinhua fit. In linguam sericam transcribere sive sonitu (exempli gratia 安東尼 *āndōngní* 'Antonius' velut 馬克 安東尼 'Marcus Antonius') sive significatione (exempli gratia 美國 *měiguó* 'status foederati Americae', ex characteribus 'pulchra natio') sive ambis rationibus (exempli gratia 可口可樂 *kěkǒukělè* 'Coca Cola', ex charaĉteribus 'saporem habere, jucundus') fieri potest ad unum charaĉterem. Contra linguam japonicam, verba transcripta tamen in lingua serica facilia leĉtu perstant rationis 'unus charaĉter, una appellatio' gratia. Aliena verba transcripta charaĉteribus sericis interdum mutua sunt inter linguam japonicam sericamque (exempli gratia 英國 'Britannia'), quamquam appellationes distinĉtae manent.

III.V   De vocabulis

'verbum',
'enuntiatio'

In hac parte, praecipua vocabula hujus libri demonstrantur et si necesse est explicantur probanturque.

'Littera per figuras' et 'littera per imagines' vocabula explicata illustrataque fuerunt ubi charaĉterum partitio sex scripturis demonstrata fuit (partem III.II conferre). Ita, charaĉter sericus esse non solum littera sive per figuras sive per imagines, sed etiam neutra earum potest, exempli causa conglutinatio per sonitum significationemque recognoscatur. Ergo necesse est aliud vocabulum introduci ad designandos charaĉteres sericos generaliter. Vocabulum 'littera per verbum' plerumque consensus est. Leĉtor tamen animadvertat eam quaestionem controversissimam esse.

Quamquam haud direĉto de vocabulo est, forma principali charaĉterum in hoc libro utimur ut maxime fieri potest ad retinendam visionem per multas linguas. Charaĉteres simpliciores

reddere enim plerumque res quae inter linguas et dialectos differt
est.

Et characteres serici saepe *kanji* (*hànzì* in lingua serica) nominantur, quod commune vocabulum japonicum characterum
sericorum est. Verbum 漢字 *kanji* ex characteribus 'character
Han' significat ubi 'Han' sensu sericae domus imperatoriae Han
(a.Ch.n. CCVI-p.Ch.n. CCXX) est. Etsi frequens est, ac satis efficiens, id nomen in hoc libro vitamus quod, ut exempli gratia in
capite secundo demonstratur, non omnes characteres hic tractati
characteres Han sunt. Pleraeque linguae dialectique quae characteribus sericis utuntur enim characteres proprios linguae intro-
duxerunt, velut linguae japonicae characteres *kokuji* et linguae
coreanae characteres *gukja*. Ita vocabulum *kanji* hic non proderit.
Praeterea, eadem res erga vocabulum 'character sericus' certe ore-
tur ut characteres proprii non serici sunt. Tametsi haud admodum
serici sunt, tamen tales characteres proprii partes quae ipsae omnino sericae sunt componunt. Ad brevitatem facilem lectionemque
igitur vocabulum 'character sericus' in hoc libri prodest contra
angustius, et subjectum linguae, vocabulum *kanji*.

Postremo, ut in parte III.III demonstratur, characteres serici clavibus plerumque partiuntur, velut in indicibus. In lingua britannica,
vocabulum *radical* 'radix' ad vocabulum 'clavis' est. Vocabulum
'radix' cujus significatio cum arboris radice congruit controversum
esse potest. Exempli causa, latine galliceque vocabulum *radical*
'radix' erga characterem sericum vocabulo 'clavis' at non 'radix'
convertitur. Characteris serici clavis cum verbo serico 部首, ex

characteribus 'partis caput', congruit (exempli gratia definitionem in indice japonico *Kōjien*[5] conferre), cum characterum sericorum index characteres in multis partibus habeat. Verbum 'radix' ita animadvertatur non conversio ex characteribus congruentis vocabuli serici (部首) esse. Tales partes indicis characterum clave distinguuntur ac designantur velut vocabulo 口部 ad clavem 口 'bucca'.

Vt auctoris opinio fert, vocabulum 'radix' significationem partis 'vitalis, principalis, magnae' characteris habet. Visione per litteram per figuras enim clavem principalissimam partem characteris putari justum est. Oportet tamen memorare non omnem characterem sericum litteram per figuras esse, etenim ei modo parva pars sunt, ac potius characteres serici litterae per verbum sunt. Principalissimum locum parti quae significationem habet adsignare ita non prudentissimum est. Pars quae exempli gratia sonitum habet tam magna est. Auctor igitur vocabulum 'clavis' mavult, sicut generali sensu scientiae instrumentorum computationis, ad designandum quod ad partiendam rem est. Aliis verbis, erga characteres sericos vocabulum 'clavis' partem quae ad partiendum characterem est designat et nihil aliud. Id vocabulum nihil erga partis ponderem implicat. Ita auctor putat vocabulum 'clavis' convenientius quam vocabulum 'radix' esse ubi characteres serici generaliter, id est non modo litterae per figuras, tractantur. Coulmas in libro 'Rationes scripturarum mundi' item putare videtur

[5] 広辞苑, Tokii, Iaponia : Iwanami Shoten (岩波書店), MMVIII.

verum vocabulo 'res ad partiendum' (*classifier*) pro 'clavis' utitur. In editione prima hujus libri (id est editio in lingua britannica), ad facilem lectionem et praesertim erga vicina opera, invite vocabulo 'radix' utimur ad servandum institutum.

In conclusionem, nonnulli auctores velut Leon Wieger animadvertantur vocabulo 'radix' etiam aliam significationem adsignare : characteris pars quae simpliciter significationem suam habet, et quae ita aliquot partes superiores componere potest (in sequentibus capitibus dicemus radicem eo praecipuo sensu haud necessario partem canonicam esse).

Notae librariae

I Index *Shuōwén jiězì* (説文解字, *Setsumon kaiji* in lingua japonica) vetustum opus a saeculo secundo est. Nunc inusitatam rationem ad partiendos characteres introducit quae quingentis quadraginta clavibus utitur pro ducentis quattuordecim clavibus hodiernae rationis. Is index notabiliter characteres inspicit exempli gratia distinguendis characterum conglutinationibus ab aliis. Editiones late etiamnum patent velut 説文解字注 (Shanghai, Serica : editiones veterum scriptorum Shanghai (上海古籍出版社), MCMLXXXI.

II Saepe putatus origo rationis clavis quae etiamnunc prodest ubi characteres serici tractantur, index *Kāngxī* (康熙字典,

Kōki jiten in lingua japonica) in ea disciplina clarus est. Is index saeculi duodevicesimi auctoritatem habet ad formas characterum sicut scripturam sericam principalem et scripturam coreanam (*hanja*) et scripturam japonicam (praeter formas simpliciores). Editiones etiamnum patent velut 康熙字典 (Pekii, Serica : libri societas Zhongbua (中華書局), MMIX).

III In lingua gallica, primum principale opus occidentis Leon Wieger 'Characteres serici' (*Caractères chinois*, editio tertia, MCMXVI) varias characterum sericorum species fuse perlustrat, forma non indicis usitati sed potius operis encyclii, sicut de originis, de linguae sericae sonitibus, de historicis radicibus characterum (scriptura ossium oraculi). Eae quaestiones notabiliter per historica scripta trium primarum sericarum domorum imperatoriarum (Xia, Shang, Zhou) explicantur.

CAPVT QVARTVM

Relationes inter characteres

In hoc capite, relationes definitae inter characteres serici demonstrantur. Tales relationes ad omnem characterem sericum pertinent. In usu tamen tractatorum characterum copiam circumscribere copia congruenti cum electo usu saepe prudentius est. Exempli causa, est difficile, ac probabiliter minimi meriti, characteres relatos ad alium characterem omnino reperire. Hoc est, in usum educandi, prudens ad educatorem sit primo characterum sericorum copiam quae memoria tenenda a discipulis est eligere et secundo relationes ex characteribus ejus copiae ducere.

IV.1 Notationes et definitiones

Vt aditus ad characteres sericos infra per mentem fit, aliquot principales notationes definitionesque primum recoluntur. Cum mathematicae discretae grapha fundamentum hujus rationis praebeant, in hac parte definitiones ad grapha aspicimus.

'inscribere',
'scriptum'

Graphum $G = (V, E)$ ex verticum copia V et jugorum copia $E \subseteq V \times V$ constat. Graphi jugum aut regionem habere potest, duo juga (u, v) et (v, u) igitur distincta sunt $(\forall u, v \in V, u \neq v)$, aut regionem non habere, duo juga (u, v) et (v, u) igitur aequalia sunt $(\forall u, v \in V)$. Verticum graphi G copia etiam $V(G)$ commode designatur, id est, signo $V()$ (cujus nomen copiae nomini non subjicitur), et similiter $E(G)$ ad copiam jugorum. Non solum vertices, sed etiam juga rem, sicut ponderem, habere possunt : talis res ita vertici vel jugo adsignatur. Praeterea, graphum duplicia juga habere potest. In eo modo, juga aliqua proprietate, velut jugi genere, distingui possunt.

Graphi ordo verticum numerus est, id est $|V(G)|$. Valentia $d_G(u)$ verticis $u \in V(G)$ jugorum numerus in u est. Aliis verbis, verticis u valentia verticum propinquorum numerum est. Graphi G valentia $d(G)$ media verticum valentia est. Via in grapho alternans series verticum jugorumque est, incepta finitaque vertice terminanti. In grapho cujus juga regionem habent, viae juga eamdem regionem clare habent.

Nonnulla logica signa infra etiam prosunt : $\Leftrightarrow$ ad aequalitatem, $\Rightarrow$ (vel $\Leftarrow$) ad implicationem, $\neg$ ad negationem (complemento logico etiam nominatur), $\wedge$ ad conjunctionem logicam. Aliae mathematicae notationes usitatissimae sunt ergo hic non explicantur.

Postremo, relatio bimembris hoc modo definitur. Relatio R inter duas copias X et Y copia inferior E producti cartesiani $X \times Y$ est. Sint duo elementa $x \in X$ et $y \in Y$; tum propositio 'x se refert ad y erga R' vera est si et solum si $(x, y) \in E$. Si haec condicio satisfacitur, relatio designatur $x\,R\,y$ (vel aliter $R(x, y)$). Relationes animadvertantur haud necessario symmetres esse : $x\,R\,y$ et $y\,R\,x$ non aequalia sunt. Exempli gratia, relatio bimembris $=$ ad numeros integros symmetros est : $i = j \Leftrightarrow j = i$ at relatio bimembris $<$ non symmetros est : $i < j \not\Leftrightarrow j < i$ (relatio $<$ ita dicitur asymmetra).

IV.II   Relationes per formam

'forma' : 开 et
彡

Notabiliter, characteres serici structuram recurrentem saepe habent : character sericus frequenter ex characteribus sericis constat. Itaque character sericus nonnullis aliis saepe dissolvi potest. Characteres qui non secundum eam rationem sunt canonici dicuntur : sicut mathematicae numeri primi, etiam dissolvi non possunt. Characteres canonici generaliter pauca lineamenta ita habent : sunt exempla 日 'dies', 口 'bucca', 月 'luna'. Characteris dissolutio nondum satis definita est ; ea ac characteres canonici in capite quinto considerantur.

IV.II.I   Charaꜳeres superiores inferioresque

Duae charaꜳeris relationes 'charaꜳerem inferiorem esse' et 'characterem superiorem esse' infra definiuntur. Eae definitiones ratione
charaꜳeris inclusi utuntur. Ea res de forma charaꜳeris quoque in
capite quinto clare definitur. Charaꜳeris inclusio nunc simplicissi-
me hoc modo statuitur : charaꜳer u in charaꜳere v includitur si et
solum si u in v apparet. Exempli gratia, charaꜳer 木 in charaꜳere
椿 includitur nam ille a sinistra hujus apparet.

DEFINITIO I : Sit charaꜳer u ; charaꜳer v inferior est erga characterem u si et solum si $u \neq v$ ac charaꜳer v includit charaꜳerem
u.

　　Et vicissim :

DEFINITIO II : Sit charaꜳer u ; charaꜳer v superior est erga charaꜳerem u si et solum si $u \neq v$ ac charaꜳer u includit charaꜳerem
v.

　　Exempli gratia, charaꜳer 丘 'collis' in charaꜳere 兵 'miles'
includitur. Ita, charaꜳer 丘 superior est ad charaꜳerem 兵, et vicissim charaꜳer 兵 inferior est ad charaꜳerem 丘. Etsi solum
eae duae relationes definiuntur, tamen charaꜳerum sericorum tabula quodammodo geographiae jam fieri potest. Exemplum in
descriptione IV.I datur.
　　Sequentes proprietates ex definitione I direꜳo colliguntur.

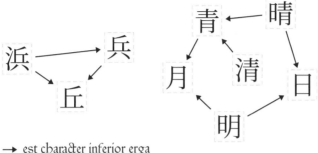

→ est character inferior erga

DESCRIPTIO IV.I : Exempla relationum inter characteres sericos superiores inferioresque.

PROPRIETAS I : Relatio de charactere inferiore irreflexa est : sit quivis character u ; tum verum est $\neg(u\,R\,u)$, ubi R est relatio de charactere inferiore.

Etenim ex definitione evidens est : $u \neq v$ condicio necessaria est.

PROPRIETAS II : Relatio de charactere inferiore antisymmetros est : sint quivis duo characteres u, v ; tum si $(u\,R\,v) \wedge (u \neq v)$ verum est, est $\neg(v\,R\,u)$ verum quoque, ubi R est relatio de charactere inferiore.

Id quoque evidens est : generaliter, res capiens res capta sua esse nequit. Itaque, eae duae proprietates sequentem proprietatem tertiam inducunt.

PROPRIETAS III : Relatio de charactere inferiore asymmetra est : sint quivis duo characteres u, v ; tum verum est $uRv \Rightarrow \neg(vRu)$, ubi R est relatio de charactere inferiore.

Ex definitione II eaedem proprietates ad relationem de charactere superiore etiam colliguntur. Id est, relatio de charactere superiore irreflexa antisymmetrosque et ita asymmetra est.

IV.II.II   Tabulatorum et viarum educandi deductio

Vt in introductione hujus capitis dicitur, circumscriptam characterum copiam aspicere et relationes eorum disputare plerumque prudentius est quam omnium characterum sericorum copiam sumere. Magnus usus est characteres sericos meminisse. Relationes inter characteres discipulum ad tenendos characteres memoria adjuvare possunt, itaque magnus educatoris labor characterum copias secundum scholam componere est.

Componendis characteribus cum tabulatis, admittamus cum tabulatis directis ad perpendiculum, ut primo maxime una via inter omnes duos characteres sit et secundo omnium jugorum regio producta sit, id est jugum neque in singulari tabulato insit neque ad inferius tabulatum adeat, viae educandi duci possunt. Via educandi efficientem institutionem discipulo praebet ad tenendum characterem memoria discendis characteribus in via ordine usque ad ultimum characterem. Etiamsi characterum copiae selectae subjicitur, viae educandi saepe a charaĉteribus canonicis proficiscuntur. Praeterea, talia tabulata et viae educandi animadvertantur mobilia esse, hoc est secundum sumptam charaĉterum copiam verti possunt. Charaĉteres addere vel eximere enim tabulata et vias educandi movere potest. Exempla charaĉterum ordinatorum tabulatis in descriptione IV.II dantur ; tabulatum primum charaĉteres canonicos habet. Infimi duo charaĉteres tabulati primi animadvertantur differre : charaĉter □ 'bucca' et clavis □ sunt, ut in capite tertio demonstratur. Hujus ordinis tabulatis gratia, viae educandi 月 → 青 → 晴 et 日 → 晴 duci possunt ad adjuvandum ad tenendum memoria charaĉterem 晴 'sudum'.

IV.III Relationes per significationem

'forma',
'corpus'

Ad non turbandum leĉtorem, unam e proprietatibus charaĉterum sericorum consulto omisimus in capite quarto : charaĉteres serici saepissime varietates habent. Aliis verbis, unus charaĉter saepe aliquot differentes scripturas habet. Eam rem difficilem definitu distinĉtius ita proferimus. Vnus charaĉter, significationis sensu (id est, vocabulum 'littera per figuras' hic prodesse potest), saepe varietates, scripturae vel formae sensu, habet : charaĉter, significationis sensu, eodem modo perstat species autem differre potest. Sic sequens definitio proponi potest.

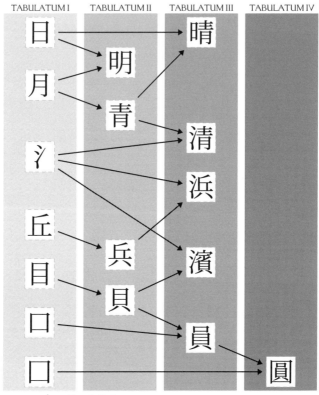

→ est charaƈter inferior erga

DESCRIPTIO IV.II : Tabulata et viae educandi de relationibus inter charaƈteres superiores inferioresque.

DEFINITIO III : Sit charaĉter sericus u ; charaĉter v est varietas charaĉteris u si et solum si v est scriptura distinĉta charaĉteris u.

Et sequentes duae proprietates duci possunt.

PROPRIETAS IV : Relatio de varietate charaĉteris irreflexa est : sit quivis charaĉter u ; tum verum est $\neg(u\,R\,u)$, ubi R est relatio de varietate charaĉteris.

Hoc ex definitione III direĉto colligitur.

PROPRIETAS V : Relatio de varietate charaĉteris symmetros est : sint quivis duo charaĉteres u, v ; tum verum est $u\,R\,v \Leftrightarrow v\,R\,u$, ubi R est relatio de varietate charaĉteris.

Clare, si charaĉter u est varietas charaĉteris v tunc v vicissim est varietas charaĉteris u. Varietatum charaĉteris exempla jam in capite secundo dantur, velut in tabula II.I ; alia infra dantur.

Nonnulla varietatis genera sunt ; 'formas' dicimus. Vacuitatis concentus causa tamen formarum nomina ad varietates charaĉteris inter linguas differunt. Exempli gratia, scriptura serica simplicior et scriptura serica principalis et scriptura japonica nonnumquam varietatum charaĉteris formas haud similiter nominant. Vt eae dissimilitudines pauciores sunt, in reliqua parte principales cha-raĉteris formas explicamus, conscii autem sumus minimas diffe-rentias esse posse. Exempla infra in communi indice *Kadokawa shinjigen* seliguntur nisi aliter dicitur.

forma principalis ⁓ 舊字

Forma principalis generaliter refert ad varietatem characte⁓ ris quae usque a domibus imperatoriis septentrionalibus et meridianis (p.Ch.n. CDXX⁓DLXXXIX) perstat, in indice *Kāngxī* igitur inest. Forma principalis animadvertatur in⁓ terdum verbo 正字, ex characteribus 'emendatus character', nominari velut in indice *Ganlu zishu* ; id vocabulum in hoc libro non prodest.

Vbi forma principalis cum forma simpliciore confertur, sae⁓ pe fit ut forma vetere et nova nominentur, pro se quaeque. Ea distinctio inter formam veterem novamque proprie in linguis subjectis simplicioribus characteribus sicut scrip⁓ tura serica simpliciore et scriptura japonica reperitur. Di⁓ gressione, characteres serici qui in lingua coreana prosunt generaliter formae principales sunt.

forma nova ⁓ 新字

Sicut forma vetus, forma nova proprie in linguis subjec⁓ tis simplicioribus characteribus, id est quae erga characte⁓ rem formam novam, simpliciorem cum forma principali, haud simpliciore conferunt, definitur prodestque. Ita unius characteris forma nova in scriptura serica simpliciore et in scriptura japonica probabiliter differt ut publicae correc⁓ tiones earum ad simpliciores characteres simpliciter factae sunt. In tabula IV.I dantur formae novae quae in scriptura serica japonicaque differunt.

TABVLA IV.I : Formarum novarum veterumque exempla in scriptura serica japonicaque.

forma vetus	forma nova (scripturae sericae)	forma nova (scripturae japonicae)
對	对	対
獸	兽	獣
醬	酱	醤
勸	劝	勧
堯	尧	尭

forma vulgaris - 俗字

Characteres formae vulgaris ex usitatis sed non publicis
mutationibus ad simpliciores characteres factae a nonnullis scribentibus ducunt. Sic forma vulgaris a forma nova
(simpliciore) distinguatur. Vt causa originis formae vulgaris exempli gratia difficultas principalis characteris, velut
de magno lineamentorum numero, vel modo errata scribendi subjici possunt. Characteres proprie simpliciores, ut in
parte II.IV explicatur, in aliquot locis putantur formae vulgares esse. Differentiae inter linguas apparere possunt :
characteris varietas alia vulgaris alia nova existimari potest.

Primo, formarum vulgarum exempla erga scripturam ja-

TABVLA IV.II : Formarum vulgarum characteris exempla erga scripturam japonicam. Forma prima quoque datur ad collationem.

forma principalis	forma prima	forma vulgaris
嫂	媛	㛹
學	斅	㚹
杯	桮	㭭
毘	妣	毗
浸	濅	濅

ponicam in tabula IV.II dantur, et cum formis principalibus primisque ad collationem. Secundo, secundum indicem *Ganlu zishu* saeculi septimi octavique formae vulgares erga scripturam sericam aspicienda domo imperatoria Tang (DCXVIII-CMVII) in tabula IV.III demonstrantur.

forma prima - 本字

Forma prima characteris interdum ad demonstrandas radices significationis ejus vel hodiernam formam ejus est. Forma vetus characteris a forma prima ejus differre potest, ac non modo parvis dissimilitudinibus. Aliquot differentiae inter formam veterem et formam primam erga scripturam japonicam in tabula IV.IV dantur.

TABVLA IV.III : Formarum vulgarum characteris exempla erga scripturam sericam domus imperatoriae Tang (DCXVIII-CMVII).

forma principalis	forma vulgaris
功	刅
兕	光
澌	凘
耆	耆
鴟	鴟

forma veterrima - 古字

Characteris forma veterrima ad primam varietatem refert, velut ex indice *Shuōwén jiězì* saeculi secundi vel veterioribus sericis inscriptionibus in aere. Characteris forma veterrima conjunctionem cum forma prima ejus non aut paucissime habere potest.

In tabula IV.V characterum exempla dantur quae differentias inter formam veterrimam et formam primam demonstrant (forma vetus formae primae adsimulatur cum auctor nullam distinctam varietatem characteris erga formam primam sciat). Iterum, ad comparationem, characteres qui distinctam formam novam (erga scripturam japonicam) et veterem et veterrimam habent seliguntur.

TABVLA IV.IV : Exempla differentiarum inter formam veterem et formam primam in scriptura japonica. Forma nova quoque datur ad collationem.

forma prima	forma vetus	forma nova
鋪	舖	舗
斷	斷	断
晉	晉	晋
彌	彌	弥
从	從	従

TABVLA IV.V : Differentiae exempla inter formam veterrimam et formam primam. Forma nova (erga scripturam japonicam) ad collationem datur.

forma veterrima	forma prima*	forma nova
眘	愼	慎
礼	禮	礼
㱕	歸	帰
气	氣	気
銕	鐵	鉄

* Forma vetus formae primae adsimilatur ut ante dictum est.

TABVLA IV.VI : Formarum falsarum exempla.

forma principalis	forma falsa
僭	僣
義	羢
叫	呌
寧	審
恤	邺

forma falsa ‑ 誤字

Cum forma vulgaris toleretur aut tolerata sit, characteris forma falsa putatur sine controversia erratum esse. Characteris forma falsa ita characteris varietatem quae ex uno errato est atque identidem visa fuit designat. Formarum falsarum exempla in tabula IV.VI dantur cum formis principalibus eorum characterum ad collationem.

forma alia

Sunt characteres qui varietates habent quae in nullo superiore genere formae cadunt vel cujus conveniens genus difficilissimum statutu est. Ita, exempli causa, in lingua japonica saepe 別體字 bettaiji, ex characteribus 'aliae formae character', dicuntur. Formarum aliarum exempla in tabula IV.VII dantur, cum forma principali et prima ad collationem.

TABVLA IV.VII : Formarum aliarum exempla. Forma principalis primaque ad collationem dantur.

forma principalis	forma prima	forma alia
跬	⿺走圭	蹞
卉	芔	卉
島	⿱鳥山	嶋
弼	⿲弓西弓	弻
徇	⿰彳勻	侚

Postremo, ad formam emendatam (正字) ut ante brevissime dictum est revertimus. Ejus varietatis definitio incertior manet. Ejus formae nomen enim ex characteribus 'emendatus character' significat. Sic, vocabulum 'forma emendata' nonnumquam pro forma principali characteris et nonnumquam pro varietate characteris quae regionis magistratu publice adoptatur est. Id vocabulum ambiguum ita est ut secundum, dicamus, editorem distinctas varietates unius characteris designare potest sicut ante demonstratum est.

In conclusionem hujus explicationis de formis characteris, indicare nonnullos characteres aliquot differentis stili scribi posse placet, praesertim inter scripturas, velut differentiae stili inter scripturam sericam japonicam coreanamque. Nihilominus, charaɛteres habentes talia medicamenta differentiarum non charaɛteris varietates existimentur, etiamsi medicamenta mutationis characteris a varietate charaɛteris distinguere saepe difficile est. Mitsuo Fukuawa et Kazuo Koike opinionem ad eam causam in libro 'Introduɛtio ad vetus *kanji* et vetus *kana*' proferunt.[1] Exempla quae talia medicamenta mutationis charaɛteris demonstrant in tabula IV.VIII dantur. Fukawa et Koike etiam charaɛterum paria dant qui medicamenta mutationis habent velut pariorum 雪, 雪 et 高, 髙. Eae parvae charaɛteris mutationes tamen putantur charaɛteris varietates ipsae esse velut indice *Kadokawa shinjigen* qui charaɛterem 雪 ut formam veterem charaɛteris 雪 et charaɛterem 髙 ut formam vulgarem charaɛteris 高 definit. Praeterea, etiamsi tenue est, medicamenta mutationis charaɛteris animadvertantur leviter dissimilia lineamenta inducere posse. Exempli gratia, charaɛteris 視 primum lineamentum (hoc est punɛto lineamentum) aliter apparet ubi is charaɛter scribitur modo 視. Diligenter, primum lineamentum punɛtum manet verum enim vero distinɛtum punɛti genus est. (Quattuor genera lineamenti punɛto enim frequenter distinguuntur velut punɛto perverso.)

Deinde, relationes per significationem duci possunt, aliis verbis, omnes duos charaɛteres erga quos alter alterius varietas est conferri, secundum varietates charaɛteris supra definitas. Hic, unus charaɛter bene animadvertatur nonnullas varietates ejus

---

[1] 旧字旧かな入門 (in lingua japonica), Tokii, Iaponia : Kashiwashobo (柏書房), MMI.

TABVLA IV.VIII : Exempla characterum aliter scriptorum medica-
mentis mutationis.

scriptura I	scriptura II
戶	户
言	言
紅	紅
令	令
鳩	鳩*

* Vt characteris varietas datur in indice *Daikanwa jiten* (caput
nonum conferre), at non in indice *Kadokawa shinjigen*.

dem formae habere posse, velut duas distinctas formas veter-
rimas. Characteres proprie simpliciores quoque ut in parte II.IV
explicantur in genere relationis per significationem cadunt. Descriptio IV.III variae relationes per significationem inter aliquot
characteres demonstrat, notabiliter ejusdem formae varietates ad
unum characterem.

Nunc proprietates earum relationum formae statuimus. Vbi
varietatis relatio sub forma aspicitur, symmetriae proprietas non
jam satisfacitur. Iam, sequentes proprietates satisfaciuntur :

PROPRIETAS VI : Relatio de forma irreflexa est : sit quivis character u ; tum verum est $\neg(u\,R\,u)$, ubi R est relatio de forma.

→ est forma alia erga   - → est forma prima erga   --·→ est forma
→ est forma falsa erga   - → est forma principalis erga   vulgaris erga
→ est forma nova erga   - → est forma veterrima erga

DESCRIPTIO IV.III : Relationum per significationem exempla inter characteres sericos.

Demonstratio. Sint u, v quivis duo charaĉteres ; tum verum est $u\,R\,v \Rightarrow u\,R'\,v$, ubi R est relatio de forma et R' relatio de varietate charaĉteris. Quod R' irreflexa est, R quoque irreflexa est.   □

PROPRIETAS VII : Relatio de forma asymmetra est : sint u, v quivis duo charaĉteres ; tum verum est $u\,R\,v \Rightarrow \neg(v\,R\,u)$, ubi R est relatio de forma.

Clare, si charaĉter u forma, dicamus $\mathcal{F}$, charaĉteris v (exempli gratia $\mathcal{F}$ ad formam veterrimam), tunc verum est $u\,R\,v$ ubi R est relatio de forma erga $\mathcal{F}$. Id tamen haud symmetron est : v non est forma $\mathcal{F}$ charaĉteris u.

IV.IV Relationes per formam significationemque

'cedrus',
pulchra arbor

Cum mutuas proprietates a relationibus et per for-mam et per significationem sumat, relatio de cla-ve relatione per formam significationemque nomi-namus. Quae solum relatio ejus generis est quam definimus.

Vt in capite secundo explicatur, omnis charac-ter sericus singularem clavem habet ac clavis saepe significationem charaĉteris tenet cum altera charaĉteris pars saepe appellationem teneat. Sic, ejus relationis species biceps est : et duo charaĉteres habentes eamdem clavem probabilissime clavem ut mutuam partem charaĉteris includunt facientes igitur relationem

per figuram, et duo characteres ejusdem clavis probabilissime eamdem significationem ex clave habent ambo characteres facientes
igitur relationem per significationem.

Exempli causa, duos characteres 松 'pinus (arbor)' et 杉 'cedrus' consideremus, quorum uterque clavem 木 'arbor' habet. Inter
eos duos characteres ita est relatio per formam significationemque.
Res per formam ejus relationis evidens est : characterum 松 et 杉
uterque sinistra clavem 木 habet. Vocabulis ante introductis, duo
characteres 松 et 杉 sunt inferiores ad characterem 木, ac vicissim
character 木 est superior ad ambos characteres 松 et 杉. Deinde,
res per significationem relationis per formam significationemque
inter 松 et 杉 item evidens est : characterum utrique significatio, id
est 'pinus' et 'cedrus', significationem clavis, id est 'arbor', habet.

Postea, proprietates algebraicae topologicaeque relationis de
clave aspicimus. Primo, quoniam clavis varietates habere potest (caput secundum sextumque conferre), necesse est, ubi clavis
sumitur, singularem characterem erga eam clavem statui ad retinendam proprietatem unicae clavis ad omnem characterem. Exempli
gratia, characterem 水 eligimus ad clavem 'aqua' quae varietates
水, 氵, 氺 habet.

PROPRIETAS VIII : Relatio de clave neque reflexa neque irreflexa
est.

Demonstratio. Cum characteris 水 clavis character ipse sit, id
est 水 R 水 ubi R est relatio de clave, characteris 榎 clavis est 木
(character memoratur singularem clavem habere).   □

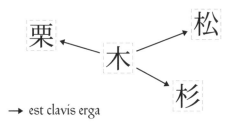

→ est clavis erga

DESCRIPTIO IV.IV : Stella a relatione de clave proficiscitur.

PROPRIETAS IX : Relatio de clave antisymmetros est : sint u, v quivis duo characteres ; tum ex $(u\,R\,v) \land (v\,R\,u)$ ducitur u et v eumdem characterem esse, ubi R est relatio de clave.

Clare, sint u, v quivis duo characteres ; si u est clavis characteris v, tunc, quod u et v sunt distincti, v clavis characteris u esse non potest.

Etiam, graphum inductum erga relationem de clave copia characterum $C \cup \{r\}$ ubi C copia characterum ejusdem clavis r est ac $r \notin C$ animadvertatur stella esse. Aliis verbis, valentia omnis verticis copiae C est unus ac valentia verticis r est $|C|$. Specimen $C = \{栗, 杉, 松\}$ et $r = 木$ in descriptione IV.IV illustratur.

Nunc, quasdam proprietates relationis per formam significationemque aspicimus.

Primo, etiamsi ut ante dictum est inter duos characteres habentes eamdem clavem adest relatio per formam significationemque, ejus relationis res per figuram animadvertatur relegari posse ubi, exempli gratia, duo characteres distinctam clavis varietatem habent. Exempli causa, duorum characterum 沖 'apertum mare' et 泉 'fons' clavis 水 'aqua' est sed ejus clavis forma est 氵 in charactere 沖 et 水 in charactere 泉.

Secundo, res per significationem relationis per formam significationemque item relegari potest. Id commodum evenit, exempli gratia, ubi unus de duobus conjunctis characteribus in genus litterae per imagines cadit (caput tertium conferre), clavis ita inducens nullam significationem. Exempli causa, duos characteres 呂 'spina (os)' et 味 'gustatus' sumamus, quorum clavis est 口 'bucca'. Character 呂 est littera per imagines etenim nulla significatio a clave proficiscitur. Contra, clavis 口 'bucca' clare significationem ad characterem 味 'gustatus' inducit.

In fine tamen ante dati duo casus rari manent et ita vocabulum 'per formam significationemque' sane prodesse potest ubi ad relationem de clave pertinet.

IV.V Relationes per sonitum

Characteres serici memorantur varias appellationes habere, etiam in una lingua. Exempli gratia, character sericus linguae japonicae minime unam appellationem *kun* et minime unam appellationem *on* fere habet, verum saepe plures. Diligenter, nonnulla appellationis *on* genera sunt : *go-on, kan-on, tō-on*. In hac parte, lingua

serica coreana anamitica japonicaque aspiciuntur hoc ordine ad
reddendam accrescentem difficultatem relationum per sonitum.
Antequam relationes per sonitum considerantur, sequens mutua
proprietas datur.

PROPRIETAS X : Relationes per sonitum infra definitae reflexae
symmetres transitivaeque sunt : sint u, v, w quivis tres characte-
res; tum sunt vera $u\,R\,u$ et $u\,R\,v \Leftrightarrow v\,R\,u$ et $(u\,R\,v) \wedge (v\,R\,w) \Rightarrow$
$u\,R\,w$, ubi R est relatio per sonitum.

IV.V.I Lingua serica coreanaque

'sonitus',
'sonus'

Primo, simpliciores (saltem aspicienda appellatione) res linguae sericae coreanaeque consideramus.
Vt in capite tertio explicatur, in lingua serica et coreana (*hanja*) unusquisque character sericus singularem appellationem habet (scilicet ubi singularis
dialectos aspicitur). Sine detrimento universitatis,
disputatio hic facta de lingua serica officiorum est.
Deinde, sequens proprietas erga linguam sericam duci potest.

PROPRIETAS XI : Functio a copia characterum sericorum ad copiam syllabarum sericarum quae appellationem characteri adtribuit
est superjectiva neque injectiva.

Clare, quoniam duo characteres serici eamdem appellationem
habere possunt (exemplum *táng* in capite tertio conferre), ea func-

tio est non injectiva ergo non bijectiva. Ea ratio de functione superjectiva ad characteres sericos vocabulo 一字一音 scitur, ex
characteribus 'unus character, unus sonitus'.

Non evidens est num eadem proprietas erga linguam coreanam statui possit. Quod lingua coreana enim nunc praecipue ratione scripturae *hangul* utitur, omnem syllabam hodiernae linguae
coreanae ad unum characterem *hanja* (id est sericum) minime esse
non clarum est. Id tamen ante introductionem scripturae *hangul*
in saeculo quinto decimo esse poterat (etiam usque ad saeculum
undevicesimum fortasse, ut lata adsumptio scripturae *hangul* a
fine saeculi undevicesimi et principio saeculi vicesimi oritur).

Multitudo linguarum (interdum dialectis nominantur), quae
quaeque appellationes distinctas sed habentes nonnullas similitudines inducunt, est notabilis linguae sericae proprietas. Lingua
serica officiorum et Victoriae lingua cantonensis et Formosae
lingua *hokkien* ut dialecti serici proferri possunt. Exempla inductarum relationum per sonitum in descriptione IV.V dantur. In ea
descriptione, jugis ponderatis utimur ad indicandam characteris
appellationem quae duos characteres conjungit. Etiam, aliquot
jugi pondera omittuntur ut ex aliis jugis duci possunt.

IV.V.II   Lingua anamitica

Secundo, rem linguae anamiticae (id est scripturae *chữ nôm* Vietnamiae) consideramus. Vt in capite tertio explicatur, character
sericus in lingua anamitica aliquot distinctas appellationes habere

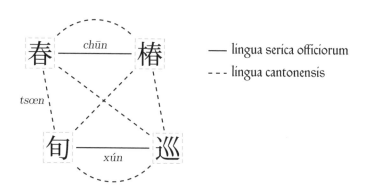

DESCRIPTIO IV.V : Exempla relationum per sonitum inter characteres distinctorum dialectorum sericorum.

potest. Praeterea, in lingua anamitica, character sericus vel ad primam (sericam) appellationem vel ad primam significationem vel
ad eas ambas res esse potest. Postremo, scriptura *chữ nôm* characteres proprios habet, sicut characteres *kokuji* linguae japonicae,
et quorum appellationes ita congruentium verborum anamiticorum sunt. Sic, sequentia quattuor genera relationis per sonitum
induci possunt.

genus A Relationes per sonitum hujus generis conjungunt cha-
        racteres qui easdem appellationes quae directo a primis ap-
        pellationibus sericis proficiscuntur habent, et etiam qui pri-
        mas characteris significationes retinent. Aliis verbis, sig-

nificatio verbi anamitici congruentis cum appellatione est primarum significationum characterum.

genus B Relationes hujus generis conjungunt characteres qui easdem appellationes quae anamiticae, id est haud sericae, sunt habent. Verborum anamiticorum significationes sunt aequales aut aequales fere primae characteris significationis.

genus C Relationes hujus generis conjungunt characteres qui easdem appellationes quae a primis appellationibus sericis proficiscuntur sed primas characteris significationes relin-quunt habent. Aliis verbis, significatio verbi anamitici con-gruentis cum appellatione non refert ad primam characteris significationem.

genus D Relationes hujus generis conjungunt characteres pro-prios scripturae *chữ nôm* qui easdem appellationes (et haud necessario easdem significationes) habent. Ea relatio etiam ad characteres primum introductos ut characteres *chữ nôm* verum qui jam in Serica proderant (id est nesciuntur isto tempore scriptura *chữ nôm*) esse potest.

Animadvertatur relationes non per significationem sed per sonitum etiamnunc aspici. Exempli gratia, quamquam relationes generis A duos characteres qui quisque primam significationem retinent conjungunt, ei duo characteres conjuncti relatione generis A habent eamdem appellationem (ductam ex lingua serica) verum

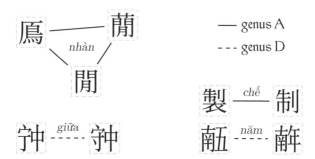

DESCRIPTIO IV.VI : Exempla relationum per sonitum generis A
et D inter characteres sericos in lingua anamitica.

haud necessario eamdem significationem. Exempla ad relationes
per sonitum generis A et D in descriptione IV.VI dantur. Vt ante
factum est, jugis ponderatis utimur ad indicandam characteris
appellationem quae duos characteres conjungit.

IV.V.III   Lingua japonica

Denique, rem linguae japonicae consideramus, quae certe difficilis-
sima est. Vt in hac primori parte memoratur, characteres sericos
appellare in lingua japonica praecipue diligentiam exigit quod plerique characteres nonnullas distinctas appellationes habent. Variae
appellationes quae in lingua japonica adsunt in capite tertio explicantur. Eae hic ad definiendas nonnullas relationes per sonitum

inter characteres sunt.

Ad demonstrandas varias relationes per sonitum inter characteres sericos in lingua japonica, aliquot jugi genera inter characteres definiuntur, uno jugi genere ad unum appellationis genus.
Quod notabiles relationes de appellationibus *kun* in sequenti
parte explicantur, tria jugi genera definiuntur : unum genus ad sin-
gulas tres appellationes *go-on, kan-on, tō-on*. Iugis ponderatis
etiam utimur ad indicandam characteris appellationem quae duos
characteres conjungit. Specimina talium relationum per sonitum
in descriptione IV.VII dantur. Proprietates topologicae ita colligi
possunt.

PROPRIETAS XII : In grapho inducto relationibus per sonitum
kun et *on* (*go-on, kan-on, tō-on*), minima valentia est unus.

Demonstratio. Vt in capite tertio explicatur, omnis character in
lingua japonica minime unam appellationem *kun* vel *on* habet. Plerique characteres ambas appellationes habent, notabiliter praeter
characteres *kokuji* qui saepe solum appellationes *kun* habent. Ra-
rissimo casu ubi character singularem appellationem habet quam
nullus alius character habet, jugum anularium (id est quod cum
ipso se conjungit) proprietate rei reflexae relationum per sonitum
inducitur. ☐

PROPRIETAS XIII : Maxima valentia talis graphi non definitur.

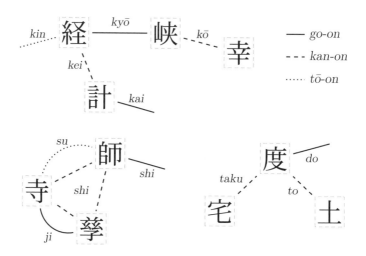

DESCRIPTIO IV.VII : Specimina relationum per sonitum *on* inter characteres sericos in lingua japonica.

Character enim in nonnulla juga ejusdem generis (id est nonnullae distinctae appellationes ejusdem generis, velut duae appellationes *kan-on*) incidere potest.

Postremo, ut in descriptione IV.VII demonstratur, tale graphum juga duplicia habere potest. Id est cum duo characteres eamdem appellationem erga nonnulla genera habent, velut ubi easdem appellationes *kan-on* et *go-on* habent.

IV.VI Praecipuae relationes per sonitum : dō-kun-iji

'praeceptum',
'appellatio'

In conclusionem hujus capitis de relationibus cha-raĉteris, in hac parte praecipuam proprietatem de relatione charaĉterum sericorum in lingua japonica aspicimus. Relationis genus postea traĉtatum etiam ad appellationem charaĉteris est, partem IV.V igitur porrigit.

Primum ad linguam sericam, charaĉteres serici deinde in alias terras Asiae exportati sunt. Res mota ita est verba linguarum importantium charaĉteres sericos ut rationem scriptu-rae cum charaĉteribus sericis haud perfeĉte congruere. Aliquot propria verba enim non congruentem charaĉterem sericum habent (id est res de charaĉteribus *kokuji* quae in capite secundo oĉta-voque traĉtatur) et vicissim in lingua importanti verbum quod cum charaĉtere serico congruit abesse potest, velut genera herbaria propria Sericae ; id est res de charaĉteribus *dōkun-iji*.

Vsitatius, ambae res in lingua japonica adsunt. In hac par-te, posteriorem aspicimus : charaĉteres *dōkun-iji*. Charaĉterum sericorum usu, lingua japonica charaĉteres habet qui eamdem appellationem *kun* habent (caput tertium conferre) simulque pro-pinquas significationes habent. Primum, id est quod lingua serica plures significationis differentias proponit quam lingua importans habet. Aliis verbis, nonnullis casibus lingua importans primum propinquas significationes non distinguit contra linguam sericam. Exempli causa (est exemplum fictum ad comprehensionem), cum lingua serica characterem et ad currum et ad carrum et ad plaustrum habeat, lingua importans singulare verbum 'vehiculum' ad describendos eos tres characteres habere possit. Simpliciter significationis subtilitas differt. Id enim est res ante descripta : nullum verbum linguae importantis (hic linguae japonicae) cum aliquo charactere serico congruit. Ita, lingua japonica nonnullis characteribus sericis idem verbum (id est appellationem *kun*) adtribuit, sed significationum differentiam inductam characteribus sericis retinet.

Verbum japonicum *toru* 'capere' aspicimus. Id verbum nonnullis characteribus sericis quorum significationes propinquae sunt adtribuitur. Exempli gratia (character *hiragana* る a dextera omnis characteris serici et qui modo ad grammaticam est neglegatur) :

取る 'capere' (generaliter)

撮る 'capere (alicujus imaginem)'

摂る 'capere (medicamentum)'

盗る 'capere (furtim)'

Ea quattuor verba japonica omnia *toru* 'capere' sunt sed cum significationis differentiis.

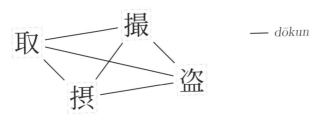

DESCRIPTIO IV.VIII : Relatio *dōkun* graphum completum inducit.

Deinde, nova characteris relatio de ea proprietate linguae japonicae introduci potest. Eam relationem *dōkun* nominamus. Sequens proprietas directo ex ea definitione duci potest.

PROPRIETAS XIV : Relatio *dōkun* est reflexa symmetros transitivaque : sint u, v, w quivis tres characteres ; tum vera sunt $u\,R\,u$ et $u\,R\,v \Leftrightarrow v\,R\,u$ et $(u\,R\,v) \wedge (v\,R\,w) \Rightarrow u\,R\,w$, ubi R est relatio *dōkun*.

De ea proprietate, notabiliter neque adhuc invenitur ante definitis characteris relationibus, relatio *dōkun* grapha inferiora quae completa sunt (graphi completi sensu) inducit. Graphum completum est si et solum si omnis vertex cum omni alio vertice conjungitur. Exemplum de superiore causa *toru* 'capere' in descriptione IV.VIII datur.

Praeterea, ea proprietas topologica graphi completi perstat etiamsi varietates (id est de relatione per significationem ; partem IV.III conferre) characterum conjunctorum relatione *dōkun* habentur. Diligenter, sit characterum copia $D = \{u_1, u_2, \ldots, u_n\}$ cum $u_i \, R \, u_j$ $(1 \leq i, j \leq n, i \neq j)$ ubi R est relatio $d\bar{o}kun$; tum graphum inductum copia D erga relationem R est K_n (id est, graphum completum ordinis n, quod grapho n-completo etiam nominatur). Sit u_i' varietas characteris u_i (id est $u_i' \, R' \, u_i$ verum est cum R' relatione per significationem ut partis IV.III), relatio $u_i' \, R \, u_j$ $(1 \leq j \leq n, i \neq j)$ satisfacitur et graphum inductum copia $D' = \{u_1, u_2, \ldots, u_{i-1}, u_i', u_{i+1}, \ldots, u_n\}$ erga relationem R etiam est K_n.

Si characteris varietas ad graphum additur, hoc est, non pro charactere ut ante fit sed ut novus graphi vertex, sequens proprietas est : sit u_i' varietas characteris u_i, dicamus $u_i' \, R' \, u_i$ cum R' relatione per significationem ; tum graphum inductum copia $D' = \{u_1, u_2, \ldots, u_{i-1}, u_i, u_i', u_{i+1}, \ldots, u_n\}$ est K_{n+1} erga duas relationes R et R'.

Descriptio IV.IX exemplum demonstrat ubi forma vetere varietas 攝 characteris 摂 ad graphum descriptionis IV.VIII additur. Hic sunt tria notabilia distincta grapha completa : graphum K_4 inductum copia {取, 撮, 摂, 盗} et aliud de copia {取, 撮, 攝, 盗}, ambo erga relationem $d\bar{o}kun$, et graphum K_5 inductum copia {取, 撮, 摂, 攝, 盗} erga relationem $d\bar{o}kun$ varietatisque.

Refert memorare et relationes asymmetras sicut relationes de forma inducere grapha quorum juga regionem habent (descriptionem IV.III conferre), et relationes per sonitum sicut relationem $d\bar{o}$-kun esse relationes symmetras (id est ambabus regionibus), aliis verbis quae grapha jugis habentibus nullam regionem inducunt

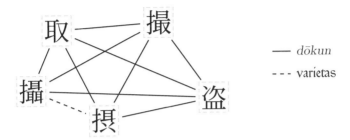

DESCRIPTIO IV.IX : Exempla graphi completi inducti relatione *dōkun* et per significationem (id est characteris varietates).

(descriptionem IV.IX conferre).

Notae librariae

I Notationes et definitiones et multae proprietates erga graphia, velut graphi inferioris et graphi completi, explicantur exempli causa in principali libro 'Graphorum ratio' Reinhard Diestel (*Graph theory*, in lingua britannica ; editio quarta, Edelbergae, Germania : Springer, MMX).

II Domus imperatoriae Tang (DCXVIII-CMVII) index *Ganlu zishu* (干禄字書) Genson Gan a saeculo septimo ad saeculum octavum capientem conspectum usus characterum sericorum paulo ante tempus nostrum dat. Is index sericus ut publicum summarium discendi ad probationem officiorum publicorum factus est. Qui ad octingentos quattuor characteres plerumque varietates forma principali tolerabili (id est characteris varietates quae jam dudum sunt putantur igitur emendatae fere formae esse) vulgarique habet, et summa mille sescenti quinquaginta sex characteres est (exempli gratia, opus 'De generibus relationis inter formas emendatas aliasque in *Ganlu zishu*' Natsuki Fujita (『干禄字書』における正字・異体字関係の類型につ いて, in lingua japonica ; Kokubun gakukoh, volumine CX XXVI, paginis XXV-XLII, MCMXCII) conferre). Editio anni MDCCCLXXX duobus voluminibus antiqua domo japonica editionis Ryuhshindoh (柳心堂) in bibliotheca publica senatoria Iaponiae atque in numerio tabulario ejus patet.

III Characteres japonici qui eamdem appellationem habent cum significationis subtilitatem (id est *dōkun-iji*) exhibeant ab Hideko Asada in facilissimo lectu libro '同訓異字辞典' (*Index dōkun-iji*, in lingua japonica ; Tokii, Iaponia : editiones Tokyodo (東京堂出版), MMXII) inspiciuntur et diligenter a Shizuka Shirakawa in libro '同訓異字' (*Dōkun-iji*, in lingua japonica ; Tokii, Iaponia : Heibonsha (平凡社), MMXIV) perlustrantur.

IV Quaestio de partitione characterum, notabiliter generibus inductis sex scripturis, exempli gratia in libro 'Origo incrementumque rationis scripturae sericae' a William G. Boltz (*The origin and early development of the Chinese writing system*, in lingua britannica ; Novi Porti, CT, America : societas america orientis, MCMXCIII) tractatur.

CAPVT QVINTVM

Charaĉterum algebra : ultra relationes ire

Vt in capite quarto describitur, charaĉteres serici multas varietates ad unum charaĉterem habent, praesertim inter linguas et
rationes scripturae. Quod difficultatem et etiam, libere dicamus,
turbam auget. Ea res magnam proprietatem eorum charaĉterum
ostendit : ampla mutatio per tempora videtur, etiam in una lingua
vel ratione scripturae. Cujus exempla sunt correĉtiones ad simpliciores charaĉteres gubernationis japonicae sericaeque ab anno
MCMXLVI et MCMLVI, pro se quisque (caput secundum oĉtavum-
que conferre). Variae sunt causae cur charaĉterem agnoscere res
difficilis sit.

Vt breviter in parte III.III dicitur, quattuor angulorum ratio
(四角號碼) ad reperiendum charaĉterem sericum nobilis est. Maximi numeri eorum causa enim charaĉterem reperire res dubia
famosaque est. Quattuor angulorum ratio charaĉteris partibus
utitur ad agnoscendos charaĉteres ac faciendam conjunĉtionem

103

inter charaĉterem et numerum ejus ex ea ratione, qui quattuor aut quinque notis numeri fit. Ea ratio tamen ambigua manet ut unus charaĉter cum nonnullis numeris conjungi potest, atque unus numerus ad nonnullos charaĉteres adduci potest. Hic speĉtamus ad proponendam charaĉteris algebram, quae notabiliter quattuor angulorum rationis ambiguitatem multum imminuit ubi charaĉteres dissolvuntur. Ad complendum, alia ratio ad reperiendum charaĉterem, SKIP,[1] quattuor angulorum rationis similis sed magis etiam ambigua proposita fuit.

Diligenter, speĉtamus ad describendas polite intellegenterque rationes scripturae quae charaĉteribus sericis utuntur. Verbum 'polite' hic est ad charaĉteres descriptos et simpliciter et per algebram et haud ambigue. Verbum 'intellegenter' hic est quod charaĉteris dissolutio operationesque ut potest ad charaĉteris historicam originem formationemque referendae sunt. Alio conspeĉtu, speĉtamus ad struendas tales copias charaĉterum sericorum per logicam.

Primi dissolutionis charaĉteris gradus (tum solum ad traĉtationem automato) in opere Fujimura et Kagaya reperiri possunt. Deinde, in opere Sproat talium dissolutionum charaĉteris ratio alte consideratur introducenda notione linguae planae regularis ac definiendis quinque dissolutionis operationibus ad charaĉte-

---

[1]'Index Kodansha ad discipulos in *kanji*, revisus expansusque' (*The Kodansha kanji learner's dictionary, revised and expanded*), Novi Eboraci, NY, America : Kodansha USA, MMXIII.

res sericos et linguae coreanae scripturam *hangul.* In hoc libro, characterum sericorum rationem altius inquirimus.

De proposita algebra, functionem ad codicem erga characteres sericos ut usum describimus, aliis verbis, functionem adtribuentem distinctum numerum omni characteri. Id est magna res quae sub adjumento gubernationis sericae etiamnum inquiritur. Cujus praecipua quaestio tractanda adsignatio numeri characteribus qui non in norma Unicode insunt est. Opus descriptum in hoc capite responsum ad eam quaestionem demonstrat.

Praeterea ac graviter, hoc opus de algebra alta beneficia ad educationem habet. Maximi characterum tractatorum numeri causa, memoria characteres retinere semper res difficilis est, etiam ad quos qui tali lingua naturaliter utuntur. Patefacienda re logica (algebraica) ad discipulum, additum instrumentum ad adjuvandum in characteribus retinendis memoria proponimus. Velut a Yokoyama tractatur, relatio certa est inter dissolutionem characteris et educationem ad characteres sericos. Notitia uti enim probatur magnum ad totam educationem esse, sicut ab Anderson generaliter conjungenda schematis ratione cum educatione demonstratum est et praecipue ad characteres sericos. Is usus ad educationem etiam major est ubi scriptura *chữ nôm* Vietnamiae tractatur ut numerus nonnullorum qui eam scripturam legere scribereque possunt constanter decrescit. Existimatur solum centum, doctos fere, esse qui etiamnum scriptura *chữ nôm* uti possunt. Vt in capite secundo dicitur, index Taberd putatur principale opus ad studia *chữ nôm* esse et clare utilitatem institutionis hic descriptae ostendit, id est characterum relationes dissolutionesque.

Etiam, unus de multis notabilibus usibus ejus algebrae est characterem qui non in selecta characterum copia inest describere. Exempli gratia, in nuntiis japonicis, ubi homo sericus nominatur, saepius ejus nomen unus aut nonnulli characteres qui non in characterum japonicorum copia selecta tali nuntiorum officio insunt habet (generaliter norma JIS consilii japonici normarum ad artificia). Ita, habens nullam aliam optionem, nuntiorum officium talem characterem qui non directo expingi potest danda serie characterum superiorum ejus describit. Id quodammodo est labor incertus qui magnam ambiguitatem habet. Non modo ad praenomen et nomen gentilicium verum etiam nuper ad naves sericas quae in aquas japonicas intrant pertinet : opus est nuntiorum officium japonicum eadem astutia uti ad designandum navum nomen ut characteres ejus saepe non in norma JIS insunt.

V.I Vniversa characterum copia U

'colligare',
'congregatio'

In hac parte, diligenter varias characterum copias aspectas in hoc capite disputamus. Quod difficilius est directo universam characterum copiam U quae omnes characteres sericos, veteres hodiernosque, et varietates eorum, habet definire, primum characterum copias quae nunc variis linguis prosunt consideramus. Postea, earum copiarum gratia copia superior $\mathbb{U}$ quae omnem introdu&am chara&erum copiam atque alias habet definiri poterit.

Primum, scripturas distin&e aspicimus ; exempli gratia, scripturam sericam principalem simplicioremque et scripturam japonicam ($kanji$) coreanam ($hanja$) vietnamensemque ($ch\tilde{u}$ $n\hat{o}m$). Ad omnem scripturam tres copias introducimus : copiam naturalem et copiam clavium et copiam fulcientem, ut infra definiuntur.

DEFINITIO IV : Sit scriptura ; tum copia naturalis erga eam scripturam ex omnibus chara&eribus qui nunc in lingua congruenti cum ea scriptura prosunt consistit.

LEMMA I : Copia naturalis est copia finita.

Demonstratio. Sit lingua ; tum hodiernus chara&erum index ad eam linguam specimen congruentis copiae naturalis est. Aliis verbis, copia naturalis omnes chara&eres qui in congruenti lingua aliquo tempore prosunt habet. $\square$

Vt copiae naturalis exemplum, copiam $\mathbb{J}$ quae omnes characteres sericos hodiernae linguae japonicae habet definimus. Presse, putari copiam $\mathbb{J}$ ex omnibus chara&eribus inscriptis in communi chara&erum indice japonico (漢和辞典) consistere potest. Item copias naturales $\mathbb{C}_t$ et $\mathbb{C}_s$ definimus ad chara&eres qui in hodierna lingua serica principali simplicioreque prosunt, pro se quaeque.

Copiae naturalis descriptionem sequentibus definitionibus complemus. Chara&eris compositio (aut dissolutio) hic ad operationes dissolutionis introdu&as in sequenti parte pertinet.

DEFINITIO V : Chara&er primus est chara&er qui non magis dissolvi potest.

Hic, differentia inter chara&erem canonicum primumque illus-tramus. Et chara&er canonicus, ut in capite quarto introducitur, est canonicus erga sele&am chara&erum copiam, id est copiam inferiorem chara&erum sericorum cujus chara&eres exempli gratia ad educationem sele&i sunt. Aliis verbis, chara&er canonicus se-le&ae copiae inferioris chara&eribus dissolvi nequit. Et chara&er primus est 'universe' canonicus : non magis dissolvi potest erga dissolutionis operationes introdu&as in sequenti parte. Exempli causa, sit chara&erum copia {杜, 地, 土, 也} ; tum chara&er 杜 est canonicus quod modo ejus copiae chara&eribus dissolvi non potest, contra chara&erem 地 qui duos ejus copiae chara&eres 土 et 也 componit. Chara&er 杜 tamen non chara&er primus est quoniam duos chara&eres 木 et 土 componit.

Quaestio num chara&er magis dissolvi possit perstat. Reli-qua pars ad eam rem expediendam pertinet.

DEFINITIO VI : Sit copia naturalis R ; tum copia clavium $\hat{R}$ con-sistit ex clavibus chara&erum (memoramus claves usitate ad reperiendum chara&erem in indicibus esse).

Exempli causa, ducentae quattuordecim usitatae claves tabu-lae III.VI cum copia clavium ad scripturam japonicam *kanji*, hoc est copia $\hat{\mathbb{J}}$, congruunt.

Postea, extremam chara&erum copiam aspicimus, hoc est copiam fulcientem. Ejus copiae significatio difficilis intelle&u manere potest postquam definitur. Nihilominus, naturaliter eminebit postquam indu&io ad dissolutionem chara&eris in parte V.V describitur. (Necesse est primum operationes algebraicas ad copias chara&erum definiri antequam talis indu&io describitur.) Copia fulciens est ad reddendam faciliorem chara&eris dissolutionem et tenendam talem dissolutionem intellegibilem definiendo fine inferiore ut chara&erem nimis dissolvi evitetur, id est, locum ubi dissolutiones non jam intellegibiles sunt adtingi exempli gratia nam modo conjun&ionem lineamentorum inter se demonstrant. Ita, quo pauciora copiae fulcientis elementa sunt, eo universior rationis scripturae (chara&eris) descriptio nostra est, melior igitur proposita institutio dissolutionis est.

DEFINITIO VII : Sit copia naturalis R ; copia fulciens $\hat{R}$ consistit ex chara&eribus primis qui neque in R neque in $\hat{R}$ insunt sed per copiam R statuuntur ad dissolutionem chara&eris erga elementa copiae R.

Exempli causa, elementa copiae $\mathbb{J}$ in tabula V.I dantur, aliis verbis, copiae fulcientis ad scripturam japonicam *kanji*. Interest animadvertere copiae fulcientis elementum nonnulla elementa velut copiae clavium componere posse. Nihilo setius, ut ante definitum est, copiae fulcientis elementa semper prima existimantur.

TABVLA V.I : Exempla elementorum copiae fulcientis J̃ : elementa quae non in J ∪ Ĵ insunt sed per copiam J statuuntur.

in J̃	de charactere (specimina)	in Ĵ	de charactere (specimina)
冋	同	𦥑	覺, 學
丿	弗, 井	無	無, 舞
屮	亞	屮	亜
丷	学, 覚	襾	画
𠃌	卯	亠	令
夋	夜	力	万
龶	卸	虫	強
匚	卬	彐	今
奚	鶏, 渓	开	形, 研
僉	険, 験	雈	勧, 権

OBSERVATIO I : Sit scriptura (id est copia naturalis) R ; tum secundum definitionem est verum $\hat{R} \cap \tilde{R} = \emptyset$.

DEFINITIO VIII : Sit scriptura (id est copia naturalis) R ; copia $\bar{R} = \hat{R} \cup \tilde{R}$ est copia characterum primorum ad copiam R.

Quamquam institutioni nostrae accommodatur, similis labor agnoscendorum elementorum primorum factus est ; exempli gratia, quattuor angulorum institutionem et typos imprimendi Wada conferre.

OBSERVATIO II : Sint duae copiae clavium $\hat{S}$ et $\hat{T}$ congruentes cum duabus distinctis scripturis (id est copiis naturalibus) S et T ; tum verum est $|(\hat{S} \cup \hat{T}) \setminus (\hat{S} \cap \hat{T})| \approx 0$.

Exempli gratia, sit copia naturalis ad scripturam sericam principalem $\mathbb{C}_t$; tum est $\hat{\mathbb{C}}_t = \hat{\mathbb{J}}$. Sit copia naturalis ad scripturam sericam simpliciorem $\mathbb{C}_s$; tum est $\hat{\mathbb{C}}_s = (\hat{\mathbb{J}} \setminus \{龍\}) \cup \{户, 见, 讠, 贝, 车, 钅, 长, 门, 韦, 页, 风, 飞, 饣, 马, 鱼, 鸟, 齐, 齿, 龙, 龟\}$. Etiam diligentius, eas additas claves erga copiam naturalem $\mathbb{C}_s$ simpliciter clavis varietates, ut ante demonstratum est, existimari decet, itaque est simpliciter $\hat{\mathbb{C}}_s = \hat{\mathbb{J}} \setminus \{龍\}$.

Praeterea, sequentia lemmata sunt.

LEMMA II : Sit copia naturalis R ; duae copiae R et $\hat{R}$ sunt haud necessario disjunctae.

Demonstratio. Character — in copia $\mathbb{J} \cap \hat{\mathbb{J}}$ inest. □

LEMMA III : Sit copia naturalis R ; copiarum $\hat{R}$ et $\tilde{R}$ utraque finita est.

Demonstratio. Clare, quoniam omnis copia naturalis R finita est, copiae congruentes $\hat{R}$ et $\tilde{R}$ finitae sunt. □

Deinde, universa charaÄterum primorum copia $\bar{\mathbb{U}}$ definiri potest.

DEFINITIO IX : Sit copiarum naturalium copia finita $\mathcal{R}$; tum est

$$\bar{\mathbb{U}} = \bigcup_{R \in \mathcal{R}} \hat{R} \cup \tilde{R}$$

LEMMA IV : Copia $\bar{\mathbb{U}}$ finita est.

Demonstratio. Secundum definitionem IX et lemma III, $\bar{\mathbb{U}}$ est copiarum finitarum unio finita. Ergo copia $\bar{\mathbb{U}}$ est finita.   □

Deinde, universa copia $\mathbb{U}$ quae ex omnibus charaÄteribus sericis consistit definiri nunc potest. Copia $\mathbb{U}$ hoc modo definitur.

DEFINITIO X : Copia $\mathbb{U}$ consistit ex

- charaÄteribus primis (id est elementis copiae $\bar{\mathbb{U}}$) ;

- charaÄteribus de compositionibus algebraicis omnium duorum (aut trium) elementorum copiae $\mathbb{U}$.

Clare verum est $\bar{\mathbb{U}} \subset \mathbb{U}$. Quod copia $\mathbb{U}$ omnes charaÄteres de compositionibus omnium duorum elementorum copiae $\mathbb{U}$ etiam habet, sequens lemma est.

LEMMA V : Vniversa copia $\mathbb{U}$ est non finita.

Demonstratio. Sumamus characterum copiam $\mathbb{U} = \{u_1, u_2,$ $\ldots, u_k\}$ finitam esse. Sine detrimento universitatis, sumamus $u_i \leq u_{i+1}$ $(1 \leq i < k)$ esse ubi $\leq$ est ordinis relatio inter omnes duos characteres erga lineamentorum numerum eorum. In copia $\mathbb{U}$, character u_k maximum lineamentorum numerum ita habet. Deinde, sint quivis character $u_i \in \mathbb{U}$ et quaevis compositionis characterum operatio (bimembris) $\bullet$ ad copiam $\mathbb{U}$ ut in parte V.II definitur ; tum numerus lineamentorum characteris $u_i \bullet u_k$ clare major est quam characteris u_k, character $u_i \bullet u_k$ igitur non in $\mathbb{U}$ inest quod secundum definitionem X contradictio est. Ergo numerus elementorum copiae $\mathbb{U}$ est infinitus. $\qquad\square$

Exempli causa, modo aspiciendis copiis characterum sericorum japonicorumque, copia $\mathbb{U}$ recurrendo definiri hoc modo potest.

$$\mathbb{U} = \left(\mathbb{C}_s \cup \hat{\mathbb{C}}_s \cup \tilde{\mathbb{C}}_s\right) \cup \left(\mathbb{C}_t \cup \hat{\mathbb{C}}_t \cup \tilde{\mathbb{C}}_t\right) \cup \left(\mathbb{J} \cup \hat{\mathbb{J}} \cup \tilde{\mathbb{J}}\right)$$
$$\cup \left\{u_1 \bullet u_2 \mid \forall u_1, u_2 \in \mathbb{U}\right\}$$

Copia $\mathbb{U}$ enim non finita est. Ad comprehensionem, operatio $\bullet$ omnem bimembrem compositionis characterum operationem ut in parte V.II definitur designat. Trimembres compositionis operationes similiter in definitione copiae $\mathbb{U}$ introduci possunt.

Postremo, sequentes relationes ad elementa copiae $\mathbb{U}$ definiuntur.

DEFINITIO XI : Sint duo elementa $u, v \in \mathbb{U}$; aequalitatis relatio $u = v$ vera est si et solum si u est idem elementum ac v.

Ac clare,

PROPRIETAS XV : Aequalitatis relatio ad copiam $\mathbb{U}$ est reflexa symmetros transitivaque.

Vicissim,

DEFINITIO XII : Sint quaevis duo elementa $u, v \in \mathbb{U}$; inaequalitatis relatio $u \neq v$ vera est si et solum si u et v sunt distinĉta.

Ac clare,

PROPRIETAS XVI : Inaequalitatis relatio ad copiam $\mathbb{U}$ est symmetros.

V.II   Compositionis operationes

'deligare',
'jungere'

In hac parte, operationes algebraicae ad universam copiam $\mathbb{U}$ definiuntur.

Quamquam modo ad copiam $\mathbb{J}$ sunt, tres compositionis charaĉterum operationes $(+, \times, -)$ in priore opere introduĉtae sunt. Apparet completam copiam naturalem $\mathbb{J}$ charaĉterum sericorum japonicae rationis scripturae modo eis tribus operationibus describere difficilissimum esse, et aliqua ambiguitas ad descriptiones charaĉterum manere potest. Sic, ad magis minuendam

talem ambiguitatem et tractandas alias scripturas, prius opus introducendis septemdecim distinctis operationibus compositionis
characterum extendimus. Signa ad nonnullas earum operationum
animadvertantur in intervallo 'Characteres ad descriptionem figurae' (*Ideographic Description Characters*, 2FF0-2FFF) indicis
Unicode reperiri posse. Ea nonnulla signa Unicode tamen non
ad perfecte describendas characteris dissolutiones sunt. Praeterea,
similes figurae in indice *Kadokawa saishin kanwa jiten*[2] ante
distinctae sunt sed modo ad claves characterum (偏旁冠脚).

Ad simpliciores notationes, primum septemdecim operationes compositionis characterum ad copiam $\mathbb{U}$ per significationem
describuntur nominanturque (tabulam V.II conferre). In ea tabula, omnis res columnae 'signum' characterum superiorum dis-
positionem ad congruentem operationem describit. Diligentes
operationum definitiones postea dantur.

Parilitatis operatio ϕ_0 fere ad partitionem est, exempli gratia
ubi dissolutionis characterum operationes quae praecipuae copiae
prosunt perlustrantur numeranturque. In tali usu, operatio ϕ_0
exempli gratia ad elementa copiae clavium seligi potest.

Compositio imponens ϕ_{16} ad multos characteres blanda esse
potest. Ad retinendam characteris originem naturamque tamen
aliae operationes plerumque magis conveniunt. Exempli causa,
existimari characterem 囚 dissolvi posse imponendo charactere
人 in charactere 囗 potest. Verum magis convenit (id est erga

---

[2] 角川 最新漢和辞典, Tokii, Iaponia : Kadokawa (角川), MCMXCV.

TABVLA V.II : Compositionis characterum operationes ad $\mathbb{U}$.

operatio	signum	verbis
ϕ_0		parilitas
ϕ_1		compositio ad libellam
ϕ_2		compositio ad perpendiculum
ϕ_3		compositio circumponendo
ϕ_4		compositio sub sinistra
ϕ_5		compositio super dextera
ϕ_6		compositio super sinistra
ϕ_7		compositio litterae 'n' forma
ϕ_8		compositio litterae 'C' forma
ϕ_9		compositio litterae 'V' forma
ϕ_{10}		compositio litterae 'M' forma
ϕ_{11}		compositio litterae 'W' forma
ϕ_{12}		compositio litterae 'T' forma
ϕ_{13}		compositio versi litterae 'T' forma
ϕ_{14}		separatio (productio) ad libellam
ϕ_{15}		separatio (productio) ad perpendiculum
ϕ_{16}		compositio imponendo

significationem) eum characterem operatione circumponenti ϕ_3 dissolvi. Character □ enim est clavis cujus significatio verbi 'cir-cumponere' significationem habet, et ut character 人 est 'homo', characteris 囚 'captus' significatio directo colligi potest. Operatio-nis circumponentis usum ad dissolutiones characteris in quibus elementa imponi sanum est finiri oportet, exempli gratia character 中 dissolutus imponendo | in charactere □ (compositio impo-nens enim naturaliter ad characteres generis litterae per figuras (partem III.II conferre) qui parte ad designandum praecipuum lo-cum alterius partis utuntur convenit, velut ad characterem 中 et ut in capite tertio demonstratur characterem 本). Generaliter, operatio imponens prosit ubi nulla alia operatio convenit.

Vt dictum est, parilitatis operatio ϕ_0 fere ad partitionem est. Omnis alia operatio diligenter infra definitur. Ad comprehensio-nem, exemplum ad omnem operationem datur. Primo, operationes ab ϕ_1 ad ϕ_9 definiuntur.

DEFINITIO XIII :   DEFINITIO XIV :

$$\phi_1 \ : \ \mathbb{U} \times \mathbb{U} \ \to \ \mathbb{U}$$

$$u \ \phi_1 \ v \ \mapsto \ \boxed{u \ | \ v}$$

$$\phi_2 \ : \ \mathbb{U} \times \mathbb{U} \ \to \ \mathbb{U}$$

$$u \ \phi_2 \ v \ \mapsto \ \boxed{\begin{array}{c} u \\ \hline v \end{array}}$$

Exempli gratia, ad elementa copiae $\mathbb{J}$, et ita copiae $\mathbb{U}$, sumendis tribus characteribus 木, 南, 楠 $\in \mathbb{J}$ ('arbor', 'meridies', 'cinnamo-mum camphora', pro se quidque), est 楠 $=$ 木 ϕ_1 南. Etiam, ad

elementa copiae $\mathbb{J}$, et ita copiae $\mathbb{U}$, sumendis tribus charatteribus 山, 石, 岩 $\in \mathbb{J}$ ('mons', 'lapis', 'saxum' pro se quidque), est
岩 $= $ 山 ϕ_2 石.

DEFINITIO XV :   DEFINITIO XVI :

$$\phi_3 \;:\; \mathbb{U} \times \mathbb{U} \;\to\; \mathbb{U} \qquad\qquad \phi_4 \;:\; \mathbb{U} \times \mathbb{U} \;\to\; \mathbb{U}$$

$$u \;\phi_3\; v \;\mapsto\; \boxed{\begin{smallmatrix} u \\ \boxed{v} \end{smallmatrix}} \qquad\qquad u \;\phi_4\; v \;\mapsto\; \boxed{\begin{smallmatrix} v \\ u \end{smallmatrix}}$$

Exempli gratia, ad elementa copiae $\mathbb{J}$, et ita copiae $\mathbb{U}$, sumendis
tribus charatteribus 国, 口, 玉 $\in \mathbb{J}$, est 国 $= $ 口 ϕ_3 玉. Etiam, ad
elementa copiae $\mathbb{U}$, sumenda clave 辶 $\in \hat{\mathbb{J}}$ et duobus charatteribus
首, 道 $\in \mathbb{J}$, est 道 $= $ 辶 ϕ_4 首.

DEFINITIO XVII :   DEFINITIO XVIII :

$$\phi_5 \;:\; \mathbb{U} \times \mathbb{U} \;\to\; \mathbb{U} \qquad\qquad \phi_6 \;:\; \mathbb{U} \times \mathbb{U} \;\to\; \mathbb{U}$$

$$u \;\phi_5\; v \;\mapsto\; \boxed{\begin{smallmatrix} v \\ u \end{smallmatrix}} \qquad\qquad u \;\phi_6\; v \;\mapsto\; \boxed{\begin{smallmatrix} u \\ v \end{smallmatrix}}$$

Exempli gratia, ad elementa copiae $\mathbb{U}$, sumenda clave 勹 $\in \hat{\mathbb{J}}$
et duobus charatteribus 日, 旬 $\in \mathbb{J}$, est 旬 $= $ 日 ϕ_5 勹. Etiam, ad
elementa copiae $\mathbb{U}$, sumenda clave 厂 $\in \hat{\mathbb{J}}$ et duobus charatteribus
泉, 原 $\in \mathbb{J}$, est 原 $= $ 厂 ϕ_6 泉.

DEFINITIO XIX :

$$\phi_7 \;:\; \mathbb{U} \times \mathbb{U} \;\to\; \mathbb{U}$$
$$u \;\phi_7\; v \;\mapsto\; \boxed{\genfrac{}{}{0pt}{}{u}{v}}$$

DEFINITIO XX :

$$\phi_8 \;:\; \mathbb{U} \times \mathbb{U} \;\to\; \mathbb{U}$$
$$u \;\phi_8\; v \;\mapsto\; \boxed{u\,v}$$

Exempli gratia, ad elementa copiae $\mathbb{J}$, et ita copiae $\mathbb{U}$, sumendis tribus characteribus 門, 各, 閣 $\in \mathbb{J}$, est 閣 $=$ 門 ϕ_7 各. Etiam, ad elementa copiae $\mathbb{U}$, sumenda clave 匚 $\in \hat{\mathbb{J}}$ et duobus characteribus 矢, 医 $\in \mathbb{J}$, est 医 $=$ 匚 ϕ_8 矢.

DEFINITIO XXI :

$$\phi_9 \;:\; \mathbb{U} \times \mathbb{U} \;\to\; \mathbb{U}$$
$$u \;\phi_9\; v \;\mapsto\; \boxed{\genfrac{}{}{0pt}{}{u}{v}}$$

Exempli gratia, ad elementa copiae $\mathbb{U}$, sumenda clave 凵 $\in \hat{\mathbb{J}}$ et duobus characteribus ㄨ, 凶 $\in \mathbb{J}$, est 凶 $=$ ㄨ ϕ_9 凵.

Secundo, operationes ab ϕ_{10} ad ϕ_{16} infra definiuntur. Erga operationes ab ϕ_{10} ad ϕ_{12}, auctor nullum characterem ad quem operatio trimembris pro operatione bimembri necessaria est scit. Exempli causa, operationem ϕ_{10} trimembrem esse ad characterem 繭 quibus necessarium fortasse videatur, verum elementum in-fra [+] non in copia naturali $\mathbb{J}$ inest sed in copia fulcienti $\tilde{\mathbb{J}}$. Cum character ad quem operationis trimembris definitio necessaria est fortasse sit, prudenter operationes ab ϕ_{10} ad ϕ_{12} ut operationes trimembres definimus. Erga operationem ϕ_{13}, singularis character scitus ab auctore ad quem operationis trimembris definitio necessaria est character 坐 est, qui characteris 坐 varietas est. Ita, operationum ab ϕ_{10} ad ϕ_{13} definitiones operatore trimembri ϕ_j^i fiunt ubi $i \in \{1, 2\}$ et $j \in \{10, 11, 12, 13\}$ sunt. Erga duas operationes separantes ϕ_{14} et ϕ_{15}, secundum definitionem operationes bimembres at non trimembres sunt, cum separatio (productio) locum ad unum alium characterem offerat.

DEFINITIO XXII :

$$\phi_{10} \; : \; \mathbb{U} \times \mathbb{U} \times \mathbb{U} \; \rightarrow \; \mathbb{U}$$
$$u \; \phi_{10}^1 \; v \; \phi_{10}^2 \; w \; \mapsto \; \boxed{}$$

DEFINITIO XXIII :

$$\phi_{11} \; : \; \mathbb{U} \times \mathbb{U} \times \mathbb{U} \; \rightarrow \; \mathbb{U}$$
$$u \; \phi_{11}^1 \; v \; \phi_{11}^2 \; w \; \mapsto \; \boxed{}$$

Exempli gratia, ad elementa copiae $\mathbb{J}$, et ita copiae $\mathbb{U}$, sumendis tribus characteribus 币, 入, 兩 $\in \mathbb{J}$, est 兩 $=$ 币 ϕ_{10}^1 入 ϕ_{10}^2 入. Etiam, ad elementa copiae $\mathbb{U}$, sumenda clave 幺 $\in \mathbb{J}$ et duobus characteribus 山, 幽 $\in \mathbb{J}$, est 幽 $=$ 山 ϕ_{11}^1 幺 ϕ_{11}^2 幺.

DEFINITIO XXIV :

$$\phi_{12} \;:\; \mathbb{U} \times \mathbb{U} \times \mathbb{U} \;\to\; \mathbb{U}$$

$$u\,\phi_{12}^1\,v\,\phi_{12}^2\,w \;\mapsto\; \boxed{\begin{array}{c} u \\ \hline v \mid w \end{array}}$$

DEFINITIO XXV :

$$\phi_{13} \;:\; \mathbb{U} \times \mathbb{U} \times \mathbb{U} \;\to\; \mathbb{U}$$

$$u\,\phi_{13}^1\,v\,\phi_{13}^2\,w \;\mapsto\; \boxed{\begin{array}{c} v \mid w \\ \hline u \end{array}}$$

Exempli gratia, ad elementa copiae $\mathbb{U}$, sumendis duabus clavibus 羊, 言 $\in \hat{\mathbb{J}}$, est 蓄 = 羊 ϕ_{12}^1 言 ϕ_{12}^2 言. Etiam, ad elementa copiae $\mathbb{J}$, et ita copiae $\mathbb{U}$, sumendis quattuor characteribus 土, 口, 人, 坐 $\in \mathbb{J}$, est 坐 = 土 ϕ_{13}^1 口 ϕ_{13}^2 人.

DEFINITIO XXVI :

$$\phi_{14} \;:\; \mathbb{U} \times \mathbb{U} \;\to\; \mathbb{U}$$

$$u\,\phi_{14}\,v \;\mapsto\; \boxed{u\mid v\mid u}$$

(*u* separatur (producitur).)

DEFINITIO XXVII :

$$\phi_{15} \;:\; \mathbb{U} \times \mathbb{U} \;\to\; \mathbb{U}$$

$$u\,\phi_{15}\,v \;\mapsto\; \boxed{\begin{array}{c} u \\ \hline v \\ \hline u \end{array}}$$

(*u* separatur (producitur).)

Exempli gratia, ad elementa copiae $\mathbb{J}$, et ita copiae $\mathbb{U}$, sumendis tribus characteribus 街, 圭, 行 $\in \mathbb{J}$, est 街 = 行 ϕ_{14} 圭. Etiam, ad elementa copiae $\mathbb{J}$, et ita copiae $\mathbb{U}$, sumendis tribus characteribus 吏, 丈, 口 $\in \mathbb{J}$, est 吏 = 丈 ϕ_{15} 口.

DEFINITIO XXVIII :

$$\phi_{16} \; : \; \mathbb{U} \times \mathbb{U} \; \to \; \mathbb{U}$$
$$u \; \phi_{16} \; v \; \mapsto \; \boxed{u}_v$$

Exempli gratia, ad elementa copiae $\mathbb{U}$, sumenda clave $\diagdown \in \hat{\mathbb{J}}$ et duobus charaɛteribus $\#\!\#$, $\#\!\# \in \mathbb{J}$, est $\#\!\# = \#\!\# \, \phi_{16} \diagdown$.

Nunc duas magnas proprietates ad eas operationes compositionis charaɛterum ad copiam $\mathbb{U}$ statuimus.

PROPRIETAS XVII : Operationes $\phi_i \; (0 \le i \le 16)$ sunt neque associativae neque commutativae.

Clare, eae operationes haud commutativae sunt. Operationis associativitas in parte V.III et V.IV explicatur.

PROPRIETAS XVIII : Operationes $\phi_i \; (0 \le i \le 16)$ habent eumdem ordinem.

In reliquo libro, ad comprehensionem saepe aliis nominibus $+$ et $\times$ utimur pro duabus operationibus ϕ_1 et ϕ_2, pro se quaeque, ac generalius operatio ϕ_i interdum numero indicandi i qui operationis symbolo nominatur simpliciter designatur. Praeterea, quod charaɛter generaliter ex compositione aliorum charaɛterum consistit, operationem primam dissolutionis esse operationem quam ad aptam sanamque charaɛteris dissolutionem primum traɛtari

decet definitur. Exempli causa, erga charaċterem 浜 qui descriptione 𝑦 + (丘 × 八) dissolvi potest, operatio prima est +. Aliis
verbis, ea est operatio prima (altissima) arboris computationis
descriptionis. Dissolutionis operationem primam praecipue aspicere enim prudens est quoniam recurrenti aditu ad dissolutionem
charaċteris utimur ut in parte v.v explicatur.

In conclusionem hujus partis, aliae proprietates notationesque
ad elementa copiae 𝕌 dantur. Ad duas operationes + et × (id est
ϕ_1 et ϕ_2, pro se quidque), quibus plerique charaċteres serici subjiciuntur ut in parte v.vi demonstratur, direċte faċtores potentiaeque
hoc modo definiri possunt.

DEFINITIO XXIX : Sint numerus naturalis $k \in \mathbb{N}^*$ et elementum
$u \in \mathbb{U}$; faċtoris operatio ab $\mathbb{N}^* \times \mathbb{U}$ ad $\mathbb{U}$ hoc modo definitur :

$$ku = \underbrace{u + u + \ldots + u}_{k \text{ termini}}$$

Exempli gratia, aequalitatis relatio 琳 = 王 + 林 = 王 + 2木
vera est.

DEFINITIO XXX : Sint numerus naturalis $k \in \mathbb{N}^*$ et elementum
$u \in \mathbb{U}$; potentiae operatio ab $\mathbb{N}^* \times \mathbb{U}$ ad $\mathbb{U}$ hoc modo definitur :

$$u^k = \underbrace{u \times u \times \ldots \times u}_{k \text{ faċtores}}$$

Exempli gratia, aequalitatis relatio 昌 = 日 × 日 = 日^2 vera
est.

Zerus (0) bene animadvertatur in copia factorum potentia-
rumque (id est copia definitionis numeri k) scienter omitti. Sit
elementum $u \in \mathbb{U}$; factoris operatio $0u$ enim non definitur : zerus
speretur sed $0 \notin \mathbb{U}$ est. Similiter ad operationem potentiae, sit
elementum $u \in \mathbb{U}$; potentiae operatio u^0 non definitur : unus
speretur sed $1 \notin \mathbb{U}$ est.

Deinde, diligenter ordinem earum operationum factoris potentiaeque erga elementa copiae $\mathbb{U}$ describi oportet.

PROPRIETAS XIX : Erga elementa copiae $\mathbb{U}$, factoris potentiaeque
operationes habent eumdem ordinem qui major quam operationum
ϕ_i $(0 \le i \le 16)$ est.

Exempli gratia, erga duos characteres 森, 木 $\in \mathbb{J}$, relationes
森 $=$ 木 $\times$ (木 $+$ 木) $=$ 木 $\times$ 2木 et 木 $\times$ 2木 $\ne$ 2木^2 verae sunt.

Id enim magna differentia ab algebra numerorum realium est.
Ea differentia est quod erga elementa copiae $\mathbb{U}$ verum est 2木 $\ne$
$2 \times$ 木 quoniam copia definitionis operationis $\times$ non $\mathbb{N} \times \mathbb{U}$ est
sed $\mathbb{U} \times \mathbb{U}$.

Denique, ubi dissolutionis characteris significatio neglegi potest, sequentes duae proprietates ad algebram characterum addi
possunt ad complendum.

PROPRIETAS XX : Duarum proprietatum distributivitatis et reso-
lutionis in factores utraque ad operationes factoris potentiaeque
se adhibet.

Exempli gratia, sumendo significationem dissolutionis charac-
teris neglegi, relationum 競 $= 2(\dot{\underline{\mathcal{L}}} \times \square \times \text{儿}) = 2\dot{\underline{\mathcal{L}}} \times 2\square \times 2\text{儿}$
et 叕 $= \text{双}^2 = (\text{又} + \text{又})^2 = \text{又}^2 + \text{又}^2$ utraque et distributivita-
tem (legenda aequalitate a sinistra ad dexteram) et resolutionem in
factores (legenda aequalitate a dextera ad sinistram) demonstrat.

Verum memoratur, quod distributivitas et resolutio in factores dissolutionis significationem mutant, eas proprietates algebraicas haud saepe usui prodesse. In reliquo libro, extra quam si aliter
dicitur, characteres intellegenter dissolvuntur.

Vt in parte IV.III explicatur, characteres serici saepe varietates
habent. Ad referendam eam proprietatem in propositam algebram
congruentiae relatione hoc modo utimur.

DEFINITIO XXXI : Sint duo elementa $u, v \in \mathbb{U}$; relatio $u \equiv v$
satisfacitur si et solum si u est varietas characteris v.

Et clare,

PROPRIETAS XXI : Congruentiae relatio ad elementa copiae $\mathbb{U}$ est
reflexa symmetros transitivaque.

Exempli gratia, character 島 'insula' aliquot varietates habet,
notabiliter 嶋, 嶌, 嶹. Deinde congruentiae aequalitatisque relatio
島 $\equiv$ 嶋 $=$ 山 $+$ 鳥 $\equiv$ 嶌 $=$ 山 $\times$ 鳥 est.

Praeterea, congruentiae relatio ad elementa copiae $\mathbb{U}$ parilita-
tem inter duas operationes $+$ et $\times$ inducere potest. Exempli gratia,
congruentiae relatio 嶋 $\equiv$ 嶌 inducit relationem 山 $+$ 鳥 $\equiv$ 山 $\times$ 鳥.

Etiam, congruentiae relatio ad elementa copiae 𝕌 commutativitatem inter duas operationes $+$ et $\times$ inducere raro potest. Exempli gratia, congruentiae relatio 島 $\equiv$ 嶌 $\equiv$ 㠀 inducit relationem 山 $\times$ 鳥 $\equiv$ 鳥 $\times$ 山.

V.III Characterum conexitas

繫

'conexio', 'deligare'

Hic, ante definitas operationes ad aspiciendam associativitatem sinistram dextramque altius consideramus. Ratio ejus infra datur. Sumenda descriptione algebraica ad elementa copiae 𝕌, ejus descriptionis computatio ad formandum congruentem characterem copiae 𝕌 variis modis fieri potest quoniam secundum proprietatem XVIII, nonnulla operationes ad elementa copiae 𝕌 eumdem ordinem habent. Vsitate, absentibus parenthesibus ejusdem ordinis operationes a sinistra ad dexteram computantur verum non necesse est. Id haud naturalem dissolutionem inducere potest quae nihilominus algebraice apta est.

Exempli causa, characterem 琳 $\in$ 𝕁 sumamus. Is character erga copiam 𝕌 descriptione 琳 $=$ 王 $+$ 木 $+$ 木 dissolvi potest. Vt sine parenthesibus est, ea descriptio sive ordine 王 $+$ (木 $+$ 木) sive errato ordine (王 $+$ 木) $+$ 木 computari potest. Computationis ordo secundus, hoc est primum operationem 王 $+$ 木 computare, tamen erga copiam 𝕁 non effici potest ut character computatus de 王 + 木 in copia 𝕁 non inest (non enim charaĉter japonicus est). Nihilo setius, ea operatio legitima est ad elementa copiae 𝕌. Generalius, id exemplum demonstrat compositionis operationes haud associativas esse, et hoc, sicut distributivitas resolutioque in faĉtores raro prosunt, est quod ordo quo operationes computantur ad significationem dissolutionis charaĉteris refert.

Cum in praecipuo exemplo superiore charaĉteris 琳 parenthe-ses ad tollendam ordinis computationis ambiguitatem satis sint, nihilominus eam rem accommodandis compositionis operationi-bus hoc modo traĉtari expedit.

DEFINITIO XXXII : Ad elementa copiae 𝕌, operationes $\overleftarrow{\phi}_i$ et $\overrightarrow{\phi}_i$ sunt associativitatis sinistrae operatio erga ϕ_i et associativitatis dexterae operatio erga ϕ_i, pro se quaeque $(1 \leq i \leq 16)$.

Prudenter, ad miscendam usitatam operationem ϕ_i cum opera-tionibus associativitatis sinistrae et operationibus associativitatis dexterae definitionis XXXII in unam descriptionem algebraicam, sequens proprietas statuitur.

PROPRIETAS XXII : Associativitatis sinistrae operatio $\overleftarrow{\phi}_i$ et as-sociativitatis dexterae operatio $\overrightarrow{\phi}_i$ habent altiorem ordinem quam simplicis operationis ϕ_i $(1 \leq i \leq 16)$.

Ita, ad dissolvendum charaĉterem copiae naturalis elementis eaedem copiae naturalis, associativitatis sinistrae operationes et associativitatis dexterae operationes supra definitae necessariae fortasse sint. Exempli gratia, sumenda iterum dissolutione 琳 = 王 + 木 + 木, associativitatis dexterae operatione $\overrightarrow{+}$ utimur et ita 王 + 木$\overrightarrow{+}$木 = 王 + 林 = 琳 est. Relatio 王 + 木$\overrightarrow{+}$木 = 王$\overrightarrow{+}$木$\overrightarrow{+}$木 animadvertatur esse proprietatis XXII causa. Itaque ad dissolutionem characteris 琳 erga copiam 𝕁 modo duobus characteribus 王 et 木, associativitatis dexterae operatio $\overrightarrow{+}$ utenda est, ut supra demonstratur.

Vbi tractatio automato fit, eae diligentissimae consideratio-nes de associativitate magnas partes agunt quoniam conexitatem nonnullorum characterum facientium alium characterem demons-trant. Exempli gratia, ubi typus imprimendi fit, aliis verbis, cha-racteris species proponitur, ea res principalis est ad distributio-nem intervallorum inter partes (characteres superiores) facientes characterem.

V.IV Lineamentorum ordo et conexitas

'ordo', 'series'

Alia magna consideratio erga characteres sericos est ordo quo scribuntur. Cum ad plerosque usitatos characteres pertineant, duas operationes + et × in hac parte ad comprehensionem consideramus. Ea disputatio animadvertatur ad plerasque alias opera-tiones ante definitas in parte V.II sane extendi posse, tametsi sunt aliquot necessariae exceptiones, velut ϕ_3. Vt in par-te III.I dicitur, characteris ordo scribendi generaliter secundum ordinem a summo ad infimum et a sinistra ad dexteram est. Id sequentibus proprietatibus refertur.

PROPRIETAS XXIII : Operatio + ordinem scribendi refert : de descriptione $a + b$ scimus characterem a scribi ante b, tametsi sunt aliquot exceptiones, exempli gratia ubi b habet 戈 velut 成, 識 sed non 戰).

PROPRIETAS XXIV : Operatio × ordinem scribendi refert : de descriptione $a \times b$ scimus characterem a scribi ante b, tametsi sunt aliquot exceptiones, velut erga characterem 由 (intellegenter dissolutus descriptione | × 田).

Quod ad ordinem scribendi pertinet considerari interest ubi ea ratio scripturae diligenter explicatur. Demonstramus enim in hac parte descriptionibus algebraicis characteris ordinem scribendi ad conexitatem characterum superiorum directo referre. Talis conexitas naturaliter associativitatis sinistrae operationibus et associativitatis dexterae operationibus describitur.

PROPRIETAS XXV : Etsi aliquot exceptiones sunt sicut erga proprietatem XXIII et XXIV, computationis ordo operationum associativitatis sinistrae secundum ordinem scribendi characteris est atque operationum associativitatis dexterae secundum contrarium ordinem scribendi characteris.

Proprietas XXV infra explicatur exemplis.

Primo, associativitatis sinistrae operationes aspicimus. Sumamus sine detrimento universitatis characterem 準 et dissolutionem
氵十隹乂十 ejus. Quoniam associativitatis sinistrae operationibus
utitur, 氵 primum tractatur itaque eodem loco redditur. Deinde, operatio 氵十隹 tractatur et ita characterem 淮 reddit. Denique, operatio
淮乂十 tractatur et ita characterem 準 reddit. Is computationis
ordo conexitatem characterum superiorum qui characterem 準 formant refert. Etiam, animadverti eumdem ordinem atque ordinem
scribendi esse potest : character 準 enim ordine 氵 → 隹 → 十
scribitur.

Secundo, associativitatis dexterae operationes aspicimus. Sumamus sine detrimento universitatis characterem 湘 et dissolutionem 氵十木十目 ejus. Quoniam associativitatis dexterae operationibus utitur, character 目 primum tractatur itaque eodem loco
redditur. Deinde, operatio 木十目 tractatur et ita characterem 相
reddit. Denique, operatio 氵十相 tractatur itaque characterem 湘
reddit. Is computationis ordo conexitatem characterum superiorum qui characterem 湘 formant refert. Etiam, animadverti eum
ordinem esse contrarium ordinem scribendi potest : character 湘
enim ordine 氵 → 木 → 目 scribitur.

Postremo, operatio associativitatis sinistrae et operatio associativitatis dexterae ambae in eadem descriptione algebraica misceri
possunt. Sumamus sine detrimento universitatis characterem 箱
et dissolutionem 箱 = ケ十ケ × 木十目. Quoniam secundum
proprietatem XXII operatio × habet humiliorem ordinem quam

utraque operationum $\overleftarrow{+}$ et $\overrightarrow{+}$, ケ primum tractatur itaque eodem
loco redditur. Deinde, operatio ケ$\overleftarrow{+}$ケ tractatur itaque characterem 竹 reddit et ordinem scribendi refert. Denique, operatio
木$\overrightarrow{+}$目 tractatur et ita characterem 目 eodem loco primum reddit.
Deinde, character 相 redditur, quod contrarium ordinem scribendi
refert. Etiam, secundum proprietatem XXIV, operatio × ordinem
scribendi non movet. Id proprietatis XXV causam concludit.

OBSERVATIO III : Vbi associativitatis sinistrae operatio aut associativitatis dexterae operatio est singularis, altera pro altera uti
potest. Ita, tametsi characteris dissolutio secundum ordinem scribendi ut in proprietate XXV dicitur est, ea dissolutio haud unica
est. Exempli gratia, est 相 $=$ 木$\overrightarrow{+}$目 $=$ 木$\overleftarrow{+}$目.

Post eam observationem, ubi talis associativitatis sinistrae
aut dexterae operatio singularis est, existimari simplicis operationis $+$ aut × usum jam unicam dissolutionem directo inducere
potest. Non verum tamen est ubi tales singulares associativitatis operationes separatim in una descriptione sunt. Exempli
causa, relatio 箱 $=$ ケ$\overleftarrow{+}$ケ × 木$\overrightarrow{+}$目 satisfacitur (associativitatis sinistrae operatio et associativitatis dexterae operatio esse
altera pro altera possunt ut in observatione III dicitur), sed est
箱 $\neq$ ケ $+$ ケ × 木 $+$ 目.

V.V   Tractatio automato

Primo, in algorithmo I recurrentem tractationem describimus quae dissolutioni tractationique automato ut in hoc capite ante demonstratur prodesse potest. Hic, characteres primi putantur fines esse cum alii ad usum recurrentem algorithmi dissolutionis sint. Id est algorithmus quo in hoc capite utimur ad describendum characterem algebraice per alios.

ALGORITHMVS I : dissolvere(c)
    data : unus character $c \in \mathbb{U}$

     si $c \in \hat{\mathbb{U}}$ **facere**   // c in copia clavium inest
       tractare c;   // velut exprimere
       interrumpere;

     si $c \in \tilde{\mathbb{U}}$ **facere**   // c in copia fulcienti inest
       tractare c;   // velut exprimere
       interrumpere;

     si minus facere   // c inest in copia naturalis ac non in copia clavium
       dissolutionis operationem primam o reperire;
       sint $e_1, e_2, \ldots, e_n$ operandi operationis o, ubi n est
         numerus membrorum operationis o;
       erga $i = 1$ **ad** n **facere**
         dissolvere(e_i);

'motus',
'actio'

Secundo, in algorithmo II datur exemplum mo-di tractationis descriptionis algebraicae automato er-ga copiam 𝕌 secundum ordinem computationis im-posito operationibus (nominatim sive associativi-tas sinistra sive associativitas dextera sive associa-tivitas non definita). Ad comprehensionem id algo-rithmi specimen animadvertatur modo ad operationes bimembres describi.

V.VI Aspiciendis numeris

'numerus',
'ratio'

In hac parte, dissolutionis characteris operationes numeris aspiciuntur. Primum, usitati characteres se-rici linguae japonicae considerantur. Deinde, instru-mentum educandi ad docendos discipulos externos characteres sericos consideratur.

V.VI.I Characteres serici usitati linguae japo-nicae

Hoc confirmari clare interest.

OBSERVATIO IV : Dissolutionis operationes primae omnium duorum milium centum triginta sex characterum sericorum usi-tatorum linguae japonicae (常用漢字) quindecim operationibus $\{\phi_i \mid 0 \leq i \leq 16, i \neq 10, 12\}$ subjiciuntur.

ALGORITHMVS II : computare$(e_1\, o_1\, e_2\, o_2\, \ldots\, o_{n-1}\, e_n)$
  data : descriptio algebraica ad characterem $c \in \mathbb{U}$ cum
    $c = e_1\, o_1\, e_2\, o_2\, \ldots\, o_{n-1}\, e_n$ ubi est $e_i \in \mathbb{U}\,(1 \le i \le n)$
    et $o_j\,(1 \le j \le n-1)$ una ex operationibus bimembribus
    ad copiam $\mathbb{U}$
  reddita : character congruens cum descriptione algebraica data
  tractatio componere(e_1, o, e_2)
    | $c = $ compositio e_1 et e_2 secundum operationem o;
    | reddere c
  tractatio simplex$(e_1\, o_1\, e_2\, o_2 \ldots o_{n-1}\, e_n)$
    | // hic operationes $o_i\,(1 \le i \le n-1)$ habent eamdem associativitatem
    | si associativitas operationis o_1 est dextera tum
    | | $x = $ componere(e_{n-1}, o_{n-1}, e_n);
    | | reddere simplex$(e_1\, o_1\, e_2\, o_2 \ldots o_{n-2}\, x)$
    | si minus   // associativitas operationis o_1 est sinistra aut non definita
    | | $x = $ componere(e_1, o_1, e_2);
    | | reddere simplex$(x\, o_2\, e_3 \ldots e_n)$
  tabula partes[], ops[]; $i = 0$;
  dum c non nullus facere
    | (pars, o, c) = characterem c in pars, o, c partiri loco primae
    | operationis associativitatis non definitae o;
    | partes[i] = simplex(pars); ops[i] = o; $i = i + 1$;
  $c = $ partes[0] ops[0] partes[1] $\ldots$ ops[$i-2$] partes[$i-1$];
    // ultima descriptio (solum operationes associativitatis non definitae habet)
  reddere simplex(c)

Id demonstratur dissolutionis operationibus primis omnium duorum milium centum triginta sex usitatorum charaċerum sericorum linguae japonicae datis in tabula A.I et A.II in appendice. Operationum primarum partitio in descriptione V.I datur. Animadvertere eam distributionem cum simili labore (clavis locus) faċto ad charaċteres scripturae sericae principalis secundum normam indicis Bigg ab Jason Wang congruere decet.[3]

V.VI.II   De instrumento educandi ad discipulos externos

In hac parte, copia inferior charaċterum sericorum linguae japonicae consideratur ut in schola linguae japonicae universitatis Tokii culturae artisque (TUAT) oċtobre anni MMXIV ad discipulos externos qui terra veniunt cujus ratio scripturae charaċteribus sericis non utitur docetur. Ea schola praesertim ad agnoscendas charaċterum sericorum species significationes appellationesque et generaliter scripturam est. Ad quam praecipue unum instrumentum adhibetur, 'Liber ad simplicia *kanji*' Chieko Kano et aliorum[4] qui charaċteres datos in tabula V.III et V.IV habet. Sumenda copia J charaċterum primorum ad linguam japonicam, dissolutionis

---

[3]'Ad grammaticam generantem struċturae lineamentorum ordinisque charaċterum sericorum' (*Toward a generative grammar of Chinese character structure and stroke order*, in lingua britannica), doċtoris philosophiae disputatio, Vniversitatis Visconsinensis, Madisoniae, WI, America, MCMLXXXIII.

[4]*Basic kanji book*, in lingua britannica, Tokii, Iaponia : Bonjinsha (凡人社), MMX.

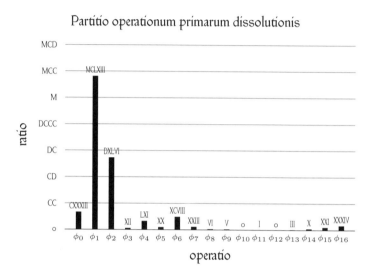

Partitio operationum primarum dissolutionis

DESCRIPTIO V.I : Partitio operationum primarum dissolutionis characterum sericorum usitatorum linguae japonicae (常用漢字).

operationes primas ad omnes quadraginta quinque gradus institutionis educandi colligimus. Hic, omnis gradus cum una schola congruit ac scholae secundum ordinem graduum se sequuntur. Partitio operationum primarum dissolutionis in descriptione V.II datur.

Quingenti characteres dati animadvertantur quinque duplices characteres habere (話, 電, 早, 遅, 顔) quod igitur in summa qua-

TABVLA V.III : Characteres serici primum praecepti discipulis externis universitatis Tokii culturae artisque et dissolutionis operationes primae - pars prima.

gradus	characteres	operat. symboli
I	日月木山田人口車門	0
II	火水金土子女学生先私	0, 1, 2
III	一二三四五六七八九十百千万円年	0, 2, 3, 7, 15, 16
IV	上下中大小本半分力何	0, 1, 2, 16
V	明休体好男林森間畑岩	1, 2, 7
VI	目耳手足雨竹米貝石糸	0, 1
VII	花茶肉文字物牛馬鳥魚	0, 1, 2
VIII	新古長短高安低暗多少	0, 1, 2
IX	行来帰食飲見聞読書話買教	0, 1, 2, 7, 15
X	朝昼夜晩夕方午前後毎週曜	0, 1, 2, 4
XI	作泳油海酒待校時言計語飯	0, 1
XII	宅客室家英薬会今雪雲電売	2
XIII	広店度病疲痛屋国回因開閉	3, 6, 7
XIV	近遠早遅道青晴静寺持荷歌	0, 1, 2, 4
XV	友父母兄弟姉妹夫婦彼主奥	0, 1, 2, 6, 16
XVI	元気有名親切便利不若早忙	1, 2, 5, 6
XVII	出入乗降着渡通走歩止動働	0, 1, 2, 4, 6, 9
XVIII	右左東西南北外内部駅社院	0, 1, 2, 6, 7, 15
XIX	地鉄工場公園住所電話番号	0, 1, 2, 3
XX	市町村区都府県島京様	1, 2, 4, 5, 6, 8
XXI	練習勉強研究留質問題答宿	1, 2, 4, 7
XXII	政治経済歴史育化理科数医	1, 2, 6, 8
XXIII	映画写真音楽料組思色白赤黒	0, 1, 2, 9

TABVLA V.IV : Charaɛteres serici primum praecepti discipulis externis universitatis Tokii culturae artisque et dissolutionis operationes primae - pars secunda.

gradus	charaɛteres	operationis symboli
XXIV	起寝遊立座使始終貸借返送	0, 1, 2, 4, 6
XXV	結婚離席欠予定洋式和活	0, 1, 2, 5, 6
XXVI	春夏秋冬暑熱寒冷暖温涼天	1, 2
XXVII	仕事者運転選記議員商業農	1, 2, 4, 16
XXVIII	良悪点正違同適当難次形味	1, 2, 4, 7
XXIX	試験面接説果合格受落残念	0, 1, 2
XXX	指折払投打深洗流消決	1
XXXI	旅約案準備相談連絡泊特急	1, 2, 4
XXXII	線発到交機関局信路故注意	1, 2, 6, 7
XXXIII	押引割営自由取求願知	0, 1, 2, 16
XXXIV	台窓具器用服紙辞雑誌	0, 1, 2, 15
XXXV	銀資品個価産期々報告	1, 2, 6
XXXVI	心感情悲泣笑顔覚忘考	0, 1, 2
XXXVII	伝代呼燃曲脱別集並喜驚	1, 2, 16
XXXVIII	細太重軽狭弱眠苦簡単	1, 2
XXXIX	空港飛階建設完成費放	0, 1, 2, 4
XL	位置横向原平野風両橋	0, 1, 2, 6, 7, 15
XLI	老族配術遅効民訪顔歯	0, 1, 2, 4, 14
XLII	卒論実調必要類得失礼	1, 2, 16
XLIII	増加減変移続過進以美	1, 2, 4
XLIV	比較反対賛共直表現初	0, 1, 2, 6, 15
XLV	全最無非第的性法制課	0, 1, 2

Partitio operationum primarum dissolutionis

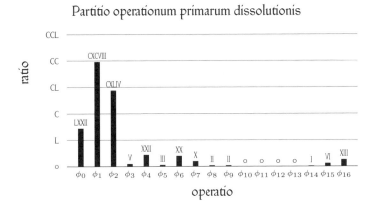

operatio

DESCRIPTIO V.II : Partitio operationum primarum dissolutionis characterum sericorum primum doctorum centro nationum apud TUAT.

dringenti nonaginta quinque distinctos characteres inducit. Quorum character ⋌ solum in duobus milibus centum triginta sex usitatorum characterum sericorum linguae japonicae non inest.

Ita, ratione data in tabula V.III et V.IV, characteres primum praeceptos discipulis externis apud TUAT copiae inferiori operationum definitarum in parte V.II subjici ac partitionem de studio operationum primarum dissolutionis omnium duorum milium centum triginta sex usitatorum characterum sericorum linguae japonicae referre ut in descriptione V.I datur potest notari. Notabilis differentia tamen major summa operationum ϕ_0 est. Cujus causa probabilissime est characteres copiae clavium $\mathbb{J}$, aliis verbis characteres copiae $\mathbb{J} \cap \mathbb{J}$, inter primos characteres doctos esse, alicujus simplicitatis vel communis usus eorum gratia ac fortasse ut partes aliorum difficiliorum characterum. Quod omnes characteres copiae $\mathbb{J}$ secundum definitionem primi sunt causam de majore summa operationum ϕ_0 in hoc casu pertexit.

Notae librariae

I Primus labor ad dissolutionem characteris ab Osamu Fujimura et Ryobei Kagaya factus est in opere 'Formae struentes characterum sericorum' (*Structural patterns of Chinese characters*, in lingua britannica) edito in actis colloquii de linguis per computationem, paginis I-XVII, Sanga-Saby, Suecia, diebus I-IV septembris, MCMLXIX.

II Nonnullae quaestiones rationis dissolutionis characteris a Richard Sproat in libro 'Ratio per computationem rationum scripturae' (*A computational theory of writing systems*, in lingua britannica ; Cantabrigiae, Britannia : editiones universitatis Cantabrigiae, MM) tractantur.

III Notabiles characterum series exponentes characterum relationes et proferentes dissolutiones inveniri possunt in libro

'Indicem facere' Shizuka Shirakawa (字書を作る, in lingua japonica ; Tokii, Iaponia : Heibonsha (平凡社), MMII).
Ad algebram propositam in hoc capite, libro 'De characteribus usitatis' (常用字解, in lingua japonica ; Tokii, Iaponia : Heibonsha (平凡社), MMIII) ejusdem auctoris ad
investigationem characterum etiam nixi sumus.

IV John DeFrancis quoque characteres sericos et deductio-
nes eorum et characterum compositionem aspicit in libro
'Aspectabilis locutio : varia unitas rationum scripturae'
(*Visible speech: the diverse oneness of writing systems*, in lingua britannica ; Honolulu, HI, America : editiones universitatis Hawaii, MCMLXXXIX).

V Quaestio de characteribus retinendis memoria in litteris
pertractatur. Sunt exempla opus 'Nova aestimatio librorum
educandi *kanji* ad discipulos linguae japonicae ut linguae
secundae' Stephen Richmond (*A re-evaluation of kanji
textbooks for learners of Japanese as a second language*, in lingua britannica ; in actis facultatis oeconomiae
universitatis Kanto Gakuin, volumine XV, paginis XLIII-
LXXI, MMV), 'Per imagines characteres serici japonicique :
nova institutio ad discendas litteras per figuras' Oreste Vaccari et Enko Elisa Vaccari (*Pictorial Chinese-Japanese
characters: a new and fascinating method to learn
ideographs*, in lingua britannica ; Tokii, Iaponia : societas

Charles E. Tuttle, MCMLVIII), 'Ad retinendos characteres sericos memoria' Kenneth G. Henshall (*A guide to remembering Japanese characters*, in lingua britannica ; Tokii, Iaponia : societas Charles E. Tuttle, MCMLXXXVIII), 'Intellegentia discipulorum linguae japonicae erga disciplinam kanji et relatio ad facultatem discendi novorum verborum kanji' Yoshiko Mori et aliorum (*Japanese language students' perception on kanji learning and their relationship to novel kanji word learning ability*, in lingua britannica ; Language Learning, volumine LVII, numero I, paginis LVII-LXXXV, MMVII). Novum opus James W. Heisig '*Kanji* memoria retinere, volumen primum : completa schola de modo non obliviscendae significationis scripturaeque characterum japonicorum' (*Remembering the kanji, volume 1: a complete course on how not to forget the meaning and writing of Japanese characters*, in lingua britannica ; Honolulu, HI, America : editiones universitatis Hawaii, MMX) utens memoria cogitanti et narratiunculis ad linguam japonicam etiam notabile est. Similia opera ejusdem auctoris editionis societatisque ad scripturam sericam simpliciorem (*Remembering simplified hanzi, volume 1: how not to forget the meaning & writing of Chinese characters*, in lingua britannica, MMXII) et scripturam sericam principalem (*Remembering traditional hanzi, volume 1: how not to forget the meaning & writing of Chinese characters*, in lingua bri-

tannica, MMXII) etiam inveniri possunt. Praeterea, Anne
Castelain notabiliter aliam novamque partitionis experien-
tiam in libro 'Directo aditu index kanji' (*Direct access
instant kanji dictionary*, in lingua britannica ; Tokii, Iaponia : socii Nichigai (日外アソシエーツ), MCMXCVIII)
proponit.

Denique, hujus libri auctor quoque investigationes suas ad
eam quaestionem fecit. Sunt exempla duo opera 'Tabula
geographica characterum japonicorum ad retinendum efficienter memoria' (*Japanese characters cartography for
efficient memorization*, in lingua britannica ; acta de instrumentis computationis et usibus eorum (*International
Journal of Computers and their Applications*), volumine XXI, numero III, paginis CLXX-CLXXVII, MMXIV) et
'Perfunctio tabulae geographicae characterum japonicorum
ut instrumenti educandi' (*An implementation of Japanese characters cartography as a learning tool*, in lingua britannica ; Information Engineering Express, volumine I, numero I, paginis X-XIX, MMXV). Etiam, primi gradus
ad characterum algebram inveniri possunt in opere 'Primi
gradus algebrae characterum japonicorum' (*Premises of
an algebra of Japanese characters*, in lingua britannica)
ejusdem auctoris edito in actis colloquii *International C**
*Conference on Computer Science & Software Engin-
eering*, paginis LXXIX-LXXXVII, Yokohamae, Kanagawa,

Iaponia, diebus XIII-XV julii, MMXV.

VI Relatio inter dissolutionem characteris et educationem ad
characteres sericos a Shoichi Yokoyama aspicitur in 'Vnita-
tes agnoscendorum characterum' (文字の認知単位, in lin-
gua japonica) edito in actis colloquii instituti publici linguae
japonicae (NINJAL), paginis XXII-XXVI, Tokii, Iaponia,
die XI septembris, MMXI.

VII Conjunctio rationis schematis cum educatione erga characteres sericos a Richard C. Anderson et aliis consideratur in
'Vsus scientiae ex parte ad discendum legere characteres sericos' (*Use of partial information in learning to read
Chinese characters*, in lingua britannica ; acta de psycho-
logia educationis (*Journal of Educational Psychology*),
volumine XCV, numero I, paginis LII-LVII, MMIII) et 'Ac-
cretio conscientiae formarum in lingua serica britannicaque'
(*Development of morphological awareness in Chinese
and English*, in lingua britannica ; Reading and Writing,
volumine XVI, numero V, paginis CCCXCIX-CDXXII, MMIII).

VIII Characteres sericos ad educationem puerorum aspicientes,
Ovid J. L. Tzeng et alii inquisitionem de forma characterum ad studium comprehensionis et editionis linguae
(id est 'psycholinguisticam') extendunt ut in opere 'Linguae tractatio in lingua serica' (*Language processing in
Chinese*, in lingua britannica ; Amstelodami, Hollandia :

North-Holland, MCMXCII) et 'Liber studiorum comprehensionis et editionis linguarum Asiae orientalis : volumen I,
lingua serica' (*The handbook of east Asian psycholin-
guistics: volume 1, Chinese*, in lingua britannica ; Cantabrigiae, Britannia : editiones universitatis Cantabrigiae,
MMXII) demonstratur.

IX Typi imprimendi Wada qui characterum primorum usum
ac tractationem automato illustrant a Tetsurou Tanaka et
aliis describuntur in opere inscripto 'Corporis res mutuari
inter typos imprimendi *kanji* libello ad speciem' (*Sharing
skeleton data by multiple kanji fonts through pro-
grammable rendering*, in lingua japonica) editoque in actis societatis tractationis informationis Iaponiae (IPSJ), volumine XXXVI, numero I, paginis CLXXVII-CLXXXVI, MCM
XCV.

CAPVT SEXTVM

De natura chara&erum sericorum

Interest agnoscere hunc librum totum lata disputatio philosopha naturae chara&erum sericorum vero esse. Hoc caput est
ad formandam disputationem philosopham naturae chara&erum
sericorum non modo fa&am in hoc libro, sed etiam generaliter, erga eos chara&eres. Pars prima tota ad propositionem exemplaris
quod chara&eres sericos explicate informat est. Id exemplar in
parte secunda variis rerum exemplis illustratur.

VI.1   Exemplar ad informandos chara&eres seri-
cos

Hujus partis disputatio simplici exemplaris lingua (UML) nititur, et presse classium diagrammate definito ea norma, ad describendum exemplar propositum ad informandos chara&eres
sericos. Simpliciter enuntiando, classis describit proprietates rei

quae classem efficit ac classium consociationes relationes inter res (id est classes effectas) describunt. Classium diagramma datum in descriptione VI.I est characteris serici et notabiliter aspiciendis nonnullis nationibus (cultibus). Classis quadrato designatur et classium relationes lineis aut sagittis secundum genus relationis. Id diagramma infra probatur et exempla in sequenti parte dantur.

'ratio'

Primum, in medio diagrammatis est classis Character, quae cum multis aliis classibus se conjungitur. Ita refert animadvertere characteris serici proprietates non solum classe Character, verum etiam diagrammate toto describi. Deinde, variae classes definitae considerantur simul cum variis relationibus (classium consociationibus) inductis ipsis. Sagitta consociationem singularis regionis designat, ater rhombus compositionis consociationem (ad indicandum classem inclusam sine classe includenti esse nequire), albus rhombus congregationis consociationem (ad indicandum classem inclusam sine classe includenti esse jam posse, exempli gratia in aliis classibus includi posse). Linea simplex consociationem duplicem designat et, si necesse est, signum ad omnem regionem habet.

Classis Character locum ad agnoscendum habet, qui usitate instrumento computationis ad facile agnoscendos distinguendosque characteres est. Hoc est quaestio indicis characterum. Nonnulli distincti indices sunt velut JIS, Unicode, Big5, EUC. Quaestio indicis characterum in capite septimo etiam aspicitur. Ea classis duas consociationes secum ipsa habet. Aliis verbis, sunt duae

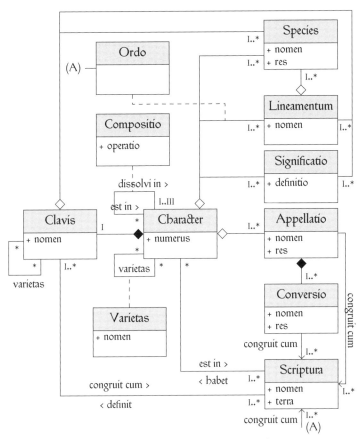

DESCRIPTIO VI.I : Exemplar ad informandos chara&eres sericos descriptum classium diagrammate normae UML.

classes quae quaeque classem Chara&er cum ipsa consociant.
Primo, consociatio Compositio est. Vt ante di&um est, character compositio nonnullorum aliorum chara&erum esse potest.
Dissolutionis operationes maxime tres operationes habent, atque operationis dissolutionis parilitate (ϕ_0) causa, chara&er ipso
dissolvi potest quod sic numerum membrorum ab uno ad tres
consociationis secum ipsa Compositio inducit. Classis Compositio ipsa unam algebraicam operationem habet (caput quintum
conferre). Secundo, classis Chara&er consociationem secum ipsa Varietas habet. Vt in parte IV.III explicatur, variae formae ad
singularem chara&erem esse possunt, quae quaeque nomina sua
habent velut forma veterrima, forma principalis. Cum nonnulli
chara&eres nullam varietatem habeant, alii multas formas ferunt.

Deinde, aliae consociationes classis Chara&er aspiciuntur.
Primo, unus chara&er singularem clavem habet quod consociationem inter classem Chara&er et Clavis inducit. Clavis nomen
habet atque una clavis clare nonnullis chara&eribus prodesse potest. Sicut classis Chara&er, classis Clavis consociationem secum
ipsa nominatam 'varietas ad' habet. Sicut chara&er, clavis varietates habere potest (exempli causa, tabulam III.VI conferre). Clavis
cum propria scriptura congruit et unam speciem significationem
lineamentumque minime habet. Scriptura copiam clavium suam
definit.

Chara&er ex uno lineamento minime consistit atque unam
significationem speciem appellationemque minime habet. In una
scriptura utique inest ac scriptura numerum nescitum chara&erum

habet. Erga species (hoc est visus), omnis nomen habet, velut scriptura signi. Erga appellationes, omnis nomen quod selectae scripturae subjicitur habet, velut *kun* et *on* erga linguam japonicam. Appellatio unam conversionem minime habet, velut in romanas litteras, quae quoque nomen suum habet et cum una scriptura minime congruit, velut *pinyin* erga linguam sericam. Scriptura nomen et terram habet. Lineamentum unam speciem minime habet. Denique, decet animadvertere unum characterem aliquot significationes habere posse. Tametsi enim character primum singularem significationem habere potuit, usus unius characteris in distinctis dialectis terris temporibusque saepe contulit in originem erga eum characterem novarum significationum quae haudquaquam conjunctae esse possunt ut in parte II.IV dicitur.

Consociatio Character-Appellatio congregatio est quoniam una appellatio nonnullis, distinctis characteribus prodesse potest. Consociatio Character-Species, Character-Lineamentum, Character-Significatio quoque congregationes sunt quod species, lineamenta, significationes ipsae sine re characteris congruentis esse possunt. Consociatio Character-Lineamentum classe Ordo constituitur quae lineamentorum ordinem (id est ordo scribendi) characteris statuit. Ordo scribendi memoratur scripturae selectae subjici. Consociatio Appellatio-Conversio compositio est quia conversio cum unica appellatione congruit. Consociatio Lineamentum-Species congregatio est quoniam una species aliae rei prodesse potest, velut characteri (id est non lineamento). Exempli causa, species lineamenti ad libellam *héng* etiam characteri

— 'unus' prodest. Id verum est item erga consociationem Clavis-Species. Exempli gratia, species clavis 馬 'equus' etiam characteri 馬 (qui enim simul clavis characterque est ; hoc est 馬 ∈ 𝕁 ∩ 𝕁̂) prodest.

VI.II   Exempla classium effectarum (rerum)

'exemplum'

Nonnulla exempla rerum erga exemplar ad informandos characteres sericos descriptum in priore parte infra dantur. Ea exempla usitato modo scribendi libelli per res, hoc est notatione punctis, proponuntur, velut in lingua Java et C++, quae puncto '.' ad accedendum ad varias proprietates rei utitur. Praeterea, omnia classis membra sumuntur tacite effici. Instituto nostro, nomen rei membri est nomen membri scriptum parvis litteris. Exempli gratia, res Character rem classis Clavis qui clavis nominatur habet. Vbi nonnullae res unius membri sunt, eae simpliciter numero suffixo designantur, velut significatio1, significatio2 erga classem Significatio.

Primum, demonstramus quomodo classis Character simpliciter efficiatur. In hoc exemplo, clavis nomen ex lingua japonica ducitur.

```
Character c
c.significatio.definitio = {credere, fiducia}
c.clavis.nomen = ninben
```

```
c.species.res = 信
```

Deinde, classis Appellatio et Conversio aspiciuntur. Character numero Unicode definitur. Hoc exemplum etiam ad illustrandam classem Scriptura est.

```
Character c
c.numerus = 4FE1                        // numerus Unicode characteris 信
c.appellatio.nomen = on
c.appellatio.res = ♪4FE1.wav                    // appellationis sonitum
c.appellatio.scriptura.nomen = lingua_japonica
c.appellatio.conversio.nomen = institutio_Hepburn
c.appellatio.conversio.res = shin
c.appellatio.conversio.scriptura.nomen = lingua_japonica
```

Institutio Hepburn est trita ratio conversionis linguae japonicae
in romanas litteras. A James C. Hepburn fine saeculi undevicesimi
ut pars indicis japonico-britannicum ejus proposita est.[1]

Consociatio Compositio infra demonstratur. Hic, classis
Character simplicius efficitur. Membrum operatio solum ad membrum dissolutio pertinet. Ordo declarandi, id est ad quem consociatio Compositio declaratur, non neglegatur.

```
Character c1(相)
Character c2(木), c3(目), c4(湘)
```

---

[1]'Index japonico-britannicum et britannico-japonicum' (*A Japanese-Eng-
lish and English-Japanese dictionary*, 和英英和語林集成), editio tertia,
Tokii, Iaponia : Z. P. Maruya, MDCCCLXXXVI.

```
Compositio comp(c1)              // compositio declarata ad charaĉterem c1
comp.operatio = "+"              // solum ad membrum dissolutio pertinet
comp.dissolutio = {c2, c3}                                    // ordine
comp.inferior = {c4}
```

Denique, usus consociationis Varietas demonstratur. Etiam, ordo declarandi non neglegatur.

```
Character c1(学), c2(學)


Varietas v(c2)                              // varietas ad charaĉterem c2
v.varietasErga = c1
v.nomen = forma_principalis
```

Exemplum ad charaĉteres distinĉtarum rationum scripturae nunc datur. Charaĉteris varietates et species (visus) non misceri oportet. Hae postea demonstrantur.

```
Character c1(业), c2(業)
c1.scriptura.nomen = scriptura_serica_simplicior
c1.scriptura.terra = {Serica, Singapora}
c2.scriptura1.nomen = scriptura_japonica
c2.scriptura1.terra = Iaponia
c2.scriptura2.nomen = scriptura_serica_principalis
c2.scriptura2.terra = {Formosa, Victoria, Macum}


Varietas v(c1)
v.varietasErga = c2                         // c1 varietas simplicior ad c2
v.nomen = forma_simplicior
```

Sequens exemplum haud simplicissimas res classis Clavis demonstrat, notabiliter clavis varietates. Functio efficiens descriptione ad efficiendas utiliter duas varietates clavis est (clare classi Character quoque prodesse potest). Etiam, clavium nomina ex lingua japonica ducuntur.

```
Clavis r1(水)
r1.nomen = mizu
r1.significatio.definitio = aqua
Clavis r2 = r1                      // functio efficiens descriptione
r2.nomen = sanzui                      // nominis clavis mutatio

ClavisVarietas rv(r2)                  // clavis varietas ad clavem r2
rv.varietasErga = r1

Character c(清)
c.clavis = r1              // rv gratia clavis r2 pro clave r1 esse potest
```

Postremo, aliquot res classis Species ad characterem 馬 'equus' infra dantur.

```
Character c(馬)
c.significatio.definitio = equus
c.species1.res = 馬
c.species1.nomen = ossa_oraculi

c.species2.res = 馬
c.species2.nomen = magnum_signum
```

```
c.species3.res = 馬
c.species3.nomen = tritum
```

Notae librariae

I Brevis complexio exemplaris ad informandos characteres sericos fit in opere 'Aditus per mentem ad characteres sericos : probatio, ratio, usus' (*A scientific approach to Chinese characters: rationale, ontology and application*, in lingua britannica) ab Antoine Bossard et Keiichi Kaneko, edito in actis colloquii *International Conference on Computer Applications in Industry and Engineering*, paginis CXI-CXVI, Denverii, CO, America, diebus XXVI-XXVIII septembris, MMXVI atque opere 'Ratio characterum sericorum et inductae mensurae intervalli' (*Chinese characters ontology and induced distance metrics*, in lingua britannica ; acta de instrumentis computationis et usibus eorum (*International Journal of Computers and their Applications*), volumine XXIII, numero IV, paginis CCXXIII-CCXXXI, MMXVI) ab eisdem auctoribus.

II Quamquam scribitur ut clarum per se ipsum sit, hoc caput facilius ad comprehendendum fieri potest tenenda fundamenta libellorum per res. Quorum ratio fere simplici exemplaris lingua (UML, cujus definitionis varietas II.V apud situm publicum consilii tractationis rerum (*Object Management Group*) patet) describitur atque usitatae notationes et specimina earum dantur exempli gratia erga linguam C++ a Bjarne Stroustrup in libro 'Lingua libelli C++' (*The C++ programming language*, in lingua britannica ; editio prima, Bostoniae, MA, America : Addison-Wesley, MCMLXXXV).

CAPVT SEPTIMVM

Vsus

In hoc capite nonnulli usus aditus per mentem ad characteres sericos ut in superioribus capitibus explicatur proponuntur.

VII.I Vniversus index characterum

'universitas',
'totum'

Vt in primori capite quinto dicitur, quaestio indicis characterum maxima est ; etiamnum gubernatione serica adjuvante inquiritur. Presse, ea quaestio ad adtribuendum distinctum signum (numerum) omni characteri est. Ea maxima res ad tractationem characterum qui nondum in, dicamus, indice Unicode insunt pertinet.

Characterum algebrae descriptae in capite quinto gratia, hic simplex aditus ad agnoscendos characteres singillatim numero proponi potest definienda functione injectiva a copia naturali R (partem V.I conferre) ad copiam $\mathbb{N}$.

Primo, $\rho = 17$ operationum ϕ_i $(0 \leq i < \rho)$ definitarum in parte V.II unicuique numerus integer i naturaliter adsignatur. Secundo, omni elemento copiae $\bar{R}$ (id est copiae characterum primorum erga copiam naturalem R, vel, aliis verbis, unionis copiae clavium $\hat{R}$ et copiae fulcientis $\tilde{R}$) distinctus numerus integer j ubi $\rho \leq j < |\bar{R}| + \rho$ est adsignatur. Id esse potest quoniam secundum lemma III copia $\bar{R}$ finita est.

Sumimus sine detrimento universitatis k bitos sufficere ad designandos numeros ante adsignatos. Exempli gratia, definiamus $k = \lceil \log_2(|\bar{R}| + \rho) \rceil$. Deinde, characteris numerus efficitur conglutinandis partibus k bitorum. Notatione praefixa utimur ad simplicem ac haud ambiguam characteris descriptionem et numeri adsignationem. Numerus membrorum operationum definitarum ϕ_i $(0 \leq i < \rho)$ enim definitur, parentheses igitur haud necessariae sunt.

Diligenter, characteris descriptio e recurrendo hoc modo definitur notatione praefixa (hic scriptura BNF utimur, itaque signum '|' vicem designat) :

$$e = \phi_i \, e_1 \, e_2 \, \ldots \, e_n \quad | \quad e \in \bar{R}$$

ubi $e_1, e_2, \ldots, e_n$ item characteris descriptiones sunt. Aliis verbis, characteris descriptio aut characteris descriptionum compositio secundum unam dissolutionis operationem partis V.II aut unum elementum copiae $\bar{R}$ est.

Sic, funĉtio h quae numerum charaĉteri adtribuit hoc modo definiri potest :

$$h(e) = \begin{cases} \#_k(e) & \text{si } e \in \bar{R} \\ \#_k(\phi_i)\, h(e_1)\, h(e_2) \ldots h(e_n) & \text{si minus}^* \end{cases}$$

$*$ Sumendo sine detrimento universitatis descriptionem e formam $\phi_i\, e_1\, e_2 \ldots e_n$ habere.

cum $\#_k(x)$ designat k bitis numerum adsignatum charaĉteri x, ubi est sive $x = \phi_i$ cum aliquo i $(0 \leq i < \rho)$, sive $x \in \bar{R}$.

Exempli gratia, charaĉter 湘 copiae 𝕁 notatione praefixa cum descriptione ϕ_1 氵 ϕ_1 木 目 congruit. Sumamus sine detrimento universitatis charaĉterum 氵, 木, 目 unicuique clavis numerum adsignari (usque ab uno, deinde ρ addere), LXXXV, LXXV, CIX pro se quisque. Etiam sumamus partes $k = 8$ bitis esse. Charaĉter 湘 igitur numero basis secundae hoc modo describitur :

$$\underbrace{0000\,0001}_{\substack{\text{oĉto bitorum} \\ \text{pars}}}\ 0101\,0101\ 0000\,0001\ 0100\,1011\ 0110\,1101$$

Deinde, talis charaĉteris numerus interpretari potest struenda omni k bitorum parte (id est ponenda ea supra struem) a dextera ad sinistram (aliis verbis, sumendo charaĉteris numero notatione suffixa). In strue, operatio a charaĉtere distingui potest simpliciter inspiciendo nonne operationis symbolus (de oĉto bitorum

---

ALGORITHMVS III : numerare(e, R)
 data : charaɥeris descriptio $e = e_0\, e_1\, \ldots\, e_n$ notatione praefixa
  (ubi $n = 0$ esse potest) et copia naturalis R
 reddita : bitorum series congruens cum descriptione e

 tabula $A = \bar{R}$;   // copia $\bar{R}$ in tabulam describitur
 $A = \text{conglutinere}([\phi_0, \phi_1, \ldots, \phi_{\rho-1}], A)$;   // tabulae conglutionatio
 sit $A(u)$ numerus ordinis elementi u in tabula A;

 $k = \lceil \log_2(|\bar{R}| + \rho) \rceil$;
 $r = 0$;   // series bitorum ; primum est zeris

 erga $i = 0$ ad n facere
  $\quad r = r \ll k$;   // singulis bitis demissio logica ad sinistram k bitis
  $\quad r = r \mid A(e_i)$;   // singulis bitis unio logica
 reddere r

---

parte) major quam ρ sit. Duo algorithmi qui numeri charaɥeris
computationem interpretationemque ante descriptam efficiunt in
algorithmo III et IV dantur. Conjunɥio inter elementum et numerum ejus sicut in algorithmo III fit animadvertatur ad brevitatem
in algorithmo IV tacita esse. Ei duo algorithmi operationes cujus-
cumque numeri membrorum accipiunt (exempli gratia, unimembres
bimembres trimembresque dissolutionis operationes).

ALGORITHMVS IV : interpretari(b, n, k)
data : bitorum series b consistens ex n partibus singulis k
  bitorum
reddita : charaéter congruens cum bitorum serie b

strues s;
umbra $= 2^k - 1$;

erga $i = 1$ **ad** n **facere**

  $e = b$ **&** umbra;   // singulis bitis conjunétio logica
  si $e < \rho$ **tum**   // e est operatio (presse, operationis symbolus)
    $x =$ numerus membrorum operationis e; // $x \in \{1, 2, 3\}$
      ut operatio e aut unimembris aut bimembris aut trimembris est
    erga $j = 1$ **ad** x **facere**
      $e_j =$ detrahere(s);
    $c =$ componere $e_1, e_2, \ldots, e_x$ congruenter operationi e;
    struere(c, s);
  si minus   // $e \in \bar{R}$
    struere(e, s);
  $b = b \gg k$;   // singulis bitis demissio logica ad dexteram k bitis

reddere detrahere(s)

VII.II Intervallum inter charaéteres

De ante introduéto exemplare ad informandos charaéteres sericos, nonnullae mensurae quae intervallum inter omnes duos charaéteres sericos describunt in hac parte proponuntur. Talis mensurae

intervalli charaꞓterum gratia, charaꞓterum series automato effici
possunt, quae charaꞓterum ordines habentes usus educandi sunt
ut in sequenti parte introducuntur. Intervalli mensurae numeri
reales sunt.

'intervallum'

Mensurae primum definitae intervalla per formam significationemque sunt. Ea et formae re et
significationis re charaꞓterum nituntur. Formae res
exempli gratia ad operationes dissolutionis characteris refert cum significationis res exempli gratia
ad claves varietatesque referat. Distinꞓte, extrema
mensura modo re dissolutionis charaꞓteris definitur.

VII.II.I   Intervallum per formam significationemque

Simpliciter, quo relatio inter duos charaꞓteres major est, eo com-
putatum intervallum per formam significationemque minus est.
Et vicissim, intervallum magnum est ubi mutuae proprietates
duorum charaꞓterum paucae sunt.

VII.II.I.I   Mensura δ

Sint quivis duo charaꞓteres serici a et b ; in hac parte intervalli
mensura $\delta(a, b)$ primum describitur. Presse, mensura $\delta(a, b)$ numerus realis positivus est. Vt definitio diligenter detur, necesse
est primum nonnullas charaꞓteris proprietates capi. Hic est aliqua
mollitia ut omnis charaꞓteris proprietas prodesse potest ac talium

proprietatum numerus libere jaĉari potest. Ad dandam definitionem mensurae δ tam intellegenter simpliciterque quam potest, sine
detrimento universitatis sequentes duas charaĉeris proprietates
sumimus :

- proprietas 'varietas' quae satisfacitur si et solum si duo
  charaĉeres sunt varietates inter se (id est charaĉer a est
  varietas charaĉeris b, et vicissim).

- proprietas 'clavis' quae satisfacitur si et solum si duo charaĉeres eamdem clavem habent.

Sit p numerus proprietatum satisfaĉarum inter duos charaĉeres a et b. Quoniam, in hoc exemplo, duae charaĉeris proprietates
'varietas' et 'clavis' sumuntur, inaequalitas $0 \leq p \leq 2$ vera est.
Deinde, dissolutionis charaĉeris operationes, ut in capite quinto
introducuntur, intervalli definitioni hoc modo prosunt. Sit $o_{a,b}$
(invicem $o_{b,a}$) minimus numerus operationum dissolutionis impositarum in charaĉere a (invicem b) dum mutuum elementum (id
est charaĉer superior) invenitur erga a et b. Numerus $o_{a,b}$ (invicem $o_{b,a}$) animadvertatur semper minimus esse. Vbi charaĉeres a
et b nullum mutuum elementum habent, definimus $o_{a,b} + o_{b,a} = \Omega$
cum $\Omega \in \mathbb{R}$ magno positivo numero constanti.

Antequam mensurae δ definitionem persequimur, exemplum
erga notationem $o_{a,b}$ datur. Sint duo charaĉeres $a = 峠$ et $b = 雫$;
duae dissolutiones $a = 山 + (上 \times 下)$ et $b = 雨 \times 下$ inducuntur.
Ita, duae dissolutionis operationes necessariae sunt ad a, et una ad

b antequam primum mutuum elementum invenitur, bic ⊤. Duae aequalitates $o_{a,b} = 2$ et $o_{b,a} = 1$ igitur sunt.

Deinde, operationum dissolutionis numerus etiam extenditur boc modo ad excludendas claves. Sumamus duos cbaraƈteres a et b claves r_a et r_b babere, pro se quaeque. Vbi omnes quattuor relationes $r_a = r_b$, $a \neq b$, $a \neq r_a$, $b \neq r_b$ verae sunt, sit $\tilde{o}_{a,b}$ (invicem $\tilde{o}_{b,a}$) minimus numerus operationum dissolutionis impositarum in cbaraƈtere a (invicem b) dum mutuum elementum invenitur erga a et b praeter clavem r_a $(= r_b)$. Etiam, si cbaraƈteres a et b nullum mutuum elementum praeter clavem babent, similiter $\tilde{o}_{a,b} + \tilde{o}_{b,a} = \Omega$ definitur. Si minus, id est una ex quattuor relationibus $r_a \neq r_b$, $a = b$, $a = r_a$, $b = r_b$ vera est, simpliciter $\tilde{o}_{a,b} = o_{a,b}$ (invicem $\tilde{o}_{b,a} = o_{b,a}$) definitur. Postremo, ad omnem cbaraƈterem a, definitur $\delta(a, a) = 0$.

Similiter, exemplum erga notationem $\tilde{o}_{a,b}$ datur. Sint duo cbaraƈteres $a = $ 沽 et $b = $ 沼 ejusdem clavis $r = $ 氵 ; relatio $a = $ 沽 $= r + (\text{十} \times \square)$ vera est, quod $\tilde{o}_{a,b} = 2$ inducit, ac relatio $b = $ 沼 $= r + (\text{刀} \times \square)$ vera est, quod $\tilde{o}_{b,a} = 2$ inducit.

Deinde, mensurae δ definitio boc modo statui potest.

DEFINITIO XXXIII: Sint quivis duo cbaraƈteres a et b ; intervallum inter eos $\delta(a, b) \in \mathbb{R}$ boc modo definitur :

$$\delta(a, b) = \frac{\tilde{o}_{a,b} + \tilde{o}_{b,a}}{p + 1}$$

Mensura $\delta(a, b)$ animadvertatur si sub Ω subjici necessario formam Ω/n cum $n \in \mathbb{N}^*$ babere, itaque ordinis toti relatio erga

TABVLA VII.I : Exempla computationis intervalli inter charaĉteres mensura δ.

a	b	varietas	clavis	p	$\tilde{o}_{a,b}$	$\tilde{o}_{a,b}$	$\delta(a,b)$
洪	浜	falsum	verum	1	2	2	2
榎	夏	falsum	falsum	0	1	0	1
桜	櫻	verum	verum	2	2	2	4/3
湘	眼	falsum	falsum	0	2	1	3
峠	雫	falsum	falsum	0	2	1	3
木	林	falsum	verum	1	0	1	1/2
木	水	falsum	falsum	0		Ω	Ω
沐	浴	falsum	verum	1		Ω	$\Omega/2$

intervalla definiri potest. Aliquot exempla computationis intervalli erga mensuram δ in tabula VII.I dantur. In hac tabula, res columnae 'varietas' et 'clavis' sunt aut 'verum' aut 'falsum' quorum significationes sunt 'a est varietas charaĉteris b' et 'a et b eamdem clavem habent', pro se quaeque, si res columnae 'verum' est et eae significationes negatae, pro se quaeque, si res columnae congruentis 'falsum' est.

VII.II.I.II Libertatis proprietas et mensurae δ', δ''

Secundum definitionem, mensura δ ante definita $p + 1$ ut denominatorem habet ad speĉtandas mutuas proprietates inter duos

charaĉeres. Is denominator merito haud naturalis existimari potest. Ad solvendam hanc quaestionem, duae novae mensurae, δ' et
δ'', in hac parte introducuntur. Eae primam mensuram δ extendunt
traĉandis mutuis proprietatibus aliter.

Ad explanationem sed sine detrimento universitatis, sicut
erga mensuram δ, duae charaĉeris proprietates 'clavis' et 'varietas' sumuntur. Clare, plures proprietates similiter traĉentur. Sit ε
$(0 < \varepsilon < 1)$ numerus constans per symbolum adsignatus proprietati 'clavis'. Similiter, sit φ $(0 < \varphi < 1)$ numerus constans
per symbolum adsignatus proprietati 'varietas'. In usum, ei numeri constantes intervallo computato subtrahentur ubi proprietas
congruens satisfacitur. Ita, mutua proprietas brevius intervallum
inducit, quod secundum exspeĉationem est.

Praeterea, proprietates seleĉae bene animadvertantur haud
semper liberae esse. Sic, sint duae charaĉeris proprietates p et q
numerorum constantium per symbolum c_p et c_q, pro se quisque ;
si $p \Rightarrow q$ verum est, tum primo $c_p > c_q$ inducitur, et secundo
modo c_p subtrahitur (id est non et c_p et c_q). Exempli gratia, sint
duo numeri constantes ε et φ qui cum proprietate 'clavis' et 'varietas', pro se quaeque, congruunt ; ubi satisfacitur, proprietas
'varietas' proprietatem 'clavis' inducit (erga hanc causam enim sumi charaĉeris varietatem solum ad mutationes formae charaĉeris
esse sine effeĉo ad clavem charaĉeris sane potest). Ergo, relatio
$0 < \varepsilon < \varphi < 1$ vera est. Ita, ubi intervallum inter duos charaĉeres qui varietates inter se sunt computatur, modo numerus
constans φ subtrahitur.

Deinde, in definitione XXXIV subdita, sumi mutuas proprietates $p_1, p_2, \ldots, p_k$ omnium duorum characterum libras esse sine
detrimento universitatis potest. Duarum mensurarum intervalli
δ' et δ'' definitio infra datur.

DEFINITIO XXXIV : Sint quivis duo characteres a et b mutuarum
proprietatum librarum $p_1, p_2, \ldots, p_k$; intervallum $\delta'(a, b) \in \mathbb{R}$
hoc modo definitur :

$$\delta'(a, b) = \tilde{o}_{a,b} + \tilde{o}_{b,a} - \sum_{i=1}^{k} c_i$$

atque intervallum $\delta''(a, b) \in \mathbb{R}$ hoc modo :

$$\delta''(a, b) = o_{a,b} + o_{b,a} - \sum_{i=1}^{k} c_i$$

ubi c_i est numerus constans per symbolum congruens cum proprietate p_i.

Exempla computationis intervalli illustrantia proprietatum
libertatem ac duas novas mensuras δ' et δ'' in tabula VII.II dantur.
In hac tabula, intervalla ante computata in tabula VII.I jam describuntur mensura δ' et δ''. Proprietates non librae p_1, p_2 congruentes
cum proprietate 'varietas' et 'clavis', pro se quaeque, ac numeri con-
stantis per symbolum $c_1 = \varphi$, $c_2 = \varepsilon$, pro se quisque, seliguntur.
Sic, relatio $p_1 \Rightarrow p_2$ iterum sumitur vera esse.

TABVLA VII.II : Exempla computationis intervalli inter chara&eres mensura δ' et δ''.

a	b	p_1	p_2	$\tilde{o}_{a,b}$	$\tilde{o}_{a,b}$	$\delta'(a,b)$	$o_{a,b}$	$o_{a,b}$	$\delta''(a,b)$
洪	浜	falsum	verum	2	2	$4-\varepsilon$	1	1	$2-\varepsilon$
榎	夏	falsum	falsum	1	0	1	1	0	1
桜	櫻	verum	verum	2	2	$4-\varphi$	1	1	$2-\varphi$
湘	眼	falsum	falsum	2	1	3	2	1	3
峠	雫	falsum	falsum	2	1	3	2	1	3
木	林	falsum	verum	0	1	$1-\varepsilon$	0	1	$1-\varepsilon$
木	水	falsum	falsum	Ω	Ω		Ω		Ω
沐	浴	falsum	verum	Ω	$\Omega-\varepsilon$		1	1	$2-\varepsilon$

VII.II.I.III   Disputatio mensurarum δ, δ', δ''

Compromissa ad mensuram intervalli per formam significatio-nemque inter chara&eres videtur necessaria esse. Ita, emolumenta et detrimenta trium mensurarum intervalli propositarum inter cha-ra&eres sericos δ, δ', δ'' hic aspiciuntur. Primo, prima mensura δ denominatore $p+1$ nititur, quod haud naturale fortasse existime-tur itaque introdu&ionem duarum extensarum mensurarum δ' et δ'' evocavit. Secundo, erga mensuram δ'' atque ut in tabula VII.II demonstratur, relatio $\delta''(洪, 浜) = \delta''(沐, 浴)$ vera est, in quo quodammodo cohaerentia deest ut duo chara&eres superiores 共, 兵 propinquiores sunt (id est majorem relationem habent) quam duo charaĉteres superiores 木, 谷. Tertio, erga mensuram δ' atque ut in tabula VII.II demonstratur, relatio $\delta'(沐, 浴) = \Omega - \varepsilon$ vera est. Aliis verbis, tametsi duo charaĉteres 沐, 浴 eamdem clavem (γ) habent, tamen intervallum inter eos numerum constantem Ω capit itaque magnum est. Quamquam id primum turbare potest, cohaerentia perstat. Ea mensura charaĉteris varietates non satis juste traĉtari posse, id est intervallum non satis minui ubi duo charaĉteres varietates inter se sunt, est tamen res incerta mensurae δ'. Exempli gratia, intervallum $\delta'(桜, 櫻) = 4 - \varphi$ duabus charaĉteris varietatibus 桜 et 櫻 inducitur cum intervallum $\delta'(峠, 雫) = 3$ duabus charaĉteribus, sed non varietatibus, 峠 et 雫 inducatur, itaque $\delta'(桜, 櫻) > \delta'(峠, 雫)$ verum est. Etsi id quoque primum turbare potest ut 桜, 櫻 varietates sunt contra charaĉteres 峠, 雫, aliqua cohaerentia manet. Comparate, prima mensura δ intervallum $\delta(桜, 櫻) = 4/3$ et $\delta(峠, 雫) = 3$ inducit. Nihilominus, ea causa mensura δ'' mitigatur cum $\delta''(桜, 櫻) = 2 - \varphi$ et $\delta''(峠, 雫) = 3$ inducantur.

In conclusionem hujus disputationis, trium intervalli mensurarum δ, δ', δ'' unaquaeque detrimenta sua habet. Erga mensuram δ, denominator haud naturalis existimari potest ; in mensura δ'' cohaerentia quodammodo deest ut diĉtum est ; mensura δ' charaĉteris varietates non juste traĉtare videri potest.

VII.II.II   Intervallum mathematicum

Intervalli mensurae δ, δ', δ'' quae in priore parte definitae sunt mathematico sensu non intervalla sunt. Facile enim est demons-trare eas mensuras inaequalitatem triangulam (id est intervalli relatio $\overline{AC} \leq \overline{AB} + \overline{BC}$ erga triangulum ABC) non satisfacere. Nova intervalli mensura d quae intervallum mathematicum est in hac parte proponitur. Ita, contra priores intervalli mensuras, mensura d symmetrae proprietatem et inaequalitatem triangulam satisfacit. Mensura d ad intervallum Levenshtein (quod muta-tionis intervallo etiam nominatur) refert quod, exempli causa, ad aestimandum quantum duae litterarum series a, b propinquae inter se sint est. Presse, id efficitur numerando numero minimo opera-tionum litterarum, velut inserere et tollere, quae necessariae sunt ad mutandam seriem litterarum a in seriem litterarum b (deinde nomen 'mutationis intervallum'), vel vicissim.

Primum, sine detrimento universitatis sumitur omnem cha-racterem aut compositionem characterum superiorum aut charac-terem primum (partem V.I conferre) esse. Ad comprehensionem, modo bimembres dissolutionis operationes aspiciuntur. Similis disputatio tamen ad trimembres operationes extendi potest. Prae-terea, signum $\emptyset$ characterem nullum (vacuum) designat, qui igitur canonicus (primus) est. Mensura d hoc modo definitur.

DEFINITIO XXXV : Sint duo characteres serici a et b ; intervallum inter eos $d(a, b) \in \mathbb{R}$ hoc modo definitur :

0   si a, b canonici et $a = b$

1   si a, b canonici et $a \neq b$

$\min\{d(a, b_1) + d(\emptyset, b_2),$
    $d(\emptyset, b_1) + d(a, b_2)\}$ si a canonicus et b non canonicus

$\min\{d(a_1, \emptyset) + d(a_2, b),$
    $d(a_1, b) + d(a_2, \emptyset)\}$ si b canonicus et a non canonicus

$\min\{d(a_1, b_1) + d(a_2, b_2), d(a_1, b_2) + d(a_2, b_1),$
    $d(a_1, \emptyset) + d(a_2, b), d(a_1, b) + d(a_2, \emptyset),$
    $d(a, b_1) + d(\emptyset, b_2), d(\emptyset, b_1) + d(a, b_2)\}$ si minus

ubi a (invicem b) aut canonicus aut formae $a = a_1 \bullet a_2$ (invicem $b = b_1 \bullet b_2$) est cum operatione dissolutionis characteris $\bullet$ (partem V.II conferre).

Deinde, sequenti propositione demonstramus mensuram d intervallum mathematicum esse.

PROPOSITIO I : Mensura d est intervallum mathematicum.

Demonstratio. Sint quivis duo characteres a et b. Clare, $d(a, b) \geq 0$ verum est.

Primo, inductione mathematica demonstramus $d(a, b) = 0 \Leftrightarrow a = b$. Id inductionis conjectura est. Ea relatio probatur vera esse ubi et a et b canonici sunt, quod basis inductionis est. Sumamus relationem $a = b$ veram esse. Quoniam a canonicus

est, $d(a, b) = d(a, a) = 0$ directo colligi potest. Sumamus relationem $d(a, b) = 0$ veram esse. Quoniam a, b canonici sunt,
secundum definitionem aequalitas $a = b$ satisfacitur.

Deinde, demonstramus generaliter relationem $d(a', b') = 0 \Leftrightarrow$
$a' = b'$ veram esse ubi $a' = a \bullet \tilde{a}$, $b' = b \bullet \tilde{b}$, et $\tilde{a}$, $\tilde{b}$ canonici
sunt. Casus $a' = \tilde{a} \bullet a$, $b' = \tilde{b} \bullet b$ similiter probatur. Secundum definitionem, et conjecturae inductionis causa, $d(a', b') =$
$d(a, b) + d(\tilde{a}, \tilde{b}) = d(\tilde{a}, \tilde{b})$ satisfacitur. Sic, clare, sunt $d(a', b') =$
$0 \Leftrightarrow d(\tilde{a}, \tilde{b}) = 0$ et $d(\tilde{a}, \tilde{b}) = 0 \Leftrightarrow \tilde{a} = \tilde{b}$.

Secundo, $d(a, b) = d(b, a)$ evidens est quoniam omnia paria
characterum superiorum definitione percurruntur. Ergo, a et b
libere inter se commutari possunt.

Tertio, inaequalitas triangula $d(a, c) \leq d(a, b) + d(b, c)$ probatur vera esse ad omnes characteres a, b, c. Inductio mathematica iterum prodest. Ea relatio demonstratur vera esse ubi et
a et b et c canonici sunt, quod basis inductionis est. Si $a =$
$b = c$ tum $d(a, c) = d(a, b) = d(b, c) = 0$ itaque conjectura $d(a, c) \leq d(a, b) + d(b, c)$ satisfacitur. Si $a = b$ et $a \neq c$
tum $d(a, c) = d(b, c) = 1$ et $d(a, b) = 0$, itaque conjectura
satisfacitur. Si $a = c$ et $a \neq b$, tum $d(a, b) = d(b, c) = 1$
et $d(a, c) = 0$, itaque conjectura satisfacitur. Si a, b, c distincti sunt, tum $d(a, c) = d(a, b) = d(b, c) = 1$ itaque conjectura
satisfacitur.

Deinde, demonstramus generaliter $d(a', c') \leq d(a', b') +$
$d(b', c')$ verum esse ubi $a' = a \bullet \tilde{a}$, $b' = b \bullet \tilde{b}$, $c' = c \bullet \tilde{c}$, et
$\tilde{a}$, $\tilde{b}$, $\tilde{c}$ canonici sunt. Casus $a' = \tilde{a} \bullet a$, $b' = \tilde{b} \bullet b$, $c' = \tilde{c} \bullet c$

similiter probatur. Relatio $0 \leq d(\tilde{a}, \tilde{b}) \leq 1$ satisfacitur quoniam $\tilde{a}, \tilde{b}$ canonici sunt. Sic sunt $d(a', b') \geq d(a, b) + d(\tilde{a}, \tilde{b})$ et
$d(a', b') - d(\tilde{a}, \tilde{b}) \geq d(a, b)$ erga omnes a, b. Ergo, secundum
conjecturam inductionis,

$$d(a', c') - d(\tilde{a}, \tilde{c}) \leq d(a, c)$$
$$\leq d(a, b) + d(b, c)$$
$$\leq d(a', b') - d(\tilde{a}, \tilde{b}) + d(b', c') - d(\tilde{b}, \tilde{c})$$
$$d(a', c') \leq d(a', b') + d(b', c')$$
$$+ d(\tilde{a}, \tilde{c}) - d(\tilde{a}, \tilde{b}) - d(\tilde{b}, \tilde{c})$$

duci potest.

Memoramus relationem $0 \leq d(\tilde{a}, \tilde{c}), d(\tilde{a}, \tilde{b}), d(\tilde{b}, \tilde{c}) \leq 1$
esse quoniam $\tilde{a}, \tilde{b}, \tilde{c}$ canonici sunt. Sic, $d(\tilde{a}, \tilde{b}) = d(\tilde{b}, \tilde{c}) = 0$
verum est si et solum si $\tilde{a} = \tilde{b} = \tilde{c}$, itaque $d(\tilde{a}, \tilde{b}) = d(\tilde{b}, \tilde{c}) =$
$0 \Rightarrow d(\tilde{a}, \tilde{c}) = 0$. Ergo, $d(\tilde{a}, \tilde{c}) - d(\tilde{a}, \tilde{b}) - d(\tilde{b}, \tilde{c}) \leq 0$ verum
est, et

$$d(a', c') \leq d(a', b') + d(b', c')$$

satisfacitur. $\square$

Mensura d animadvertatur, contra priores mensuras, characteris proprietatibus non uti, pauciores res igitur includit quam
mensurae $\delta, \delta', \delta''$. Id necessarium compromissum est ad satis-
faciendam inaequalitatem triangulam. Exempla computationis intervalli erga mensuram d in tabula VII.III dantur. Ad faciliorem
comparationem, haec exempla sunt eadem atque ista tabulae VII.I.

TABVLA VII.III : Computatio intervalli inter charaﬅeres mensura d.

a	b	$d(a,b)$
洪	浜	$d(氵,氵) + d(共,兵) = d(艹,丘) + d(八,八) = 1$
榎	夏	$d(木,\emptyset) + d(夏,夏) = 1$
桜	櫻	$d(木,木) + d(癹,嬰) = d(丷,賏) + d(女,女) =$ $d(丷,貝) + d(\emptyset,貝) = d(丷,目) + d(\emptyset,八) +$ $d(\emptyset,目) + d(\emptyset,八) = 4$
湘	眼	$d(氵,艮) + d(相,目) = 1 + d(木,\emptyset) + d(目,目) = 2$
峠	雫	$d(山,雨) + d(卡,下) = 1 + d(上,\emptyset) + d(下,下) = 2$
木	林	$d(木,木) + d(\emptyset,木) = 1$
木	水	1
沐	浴	$d(氵,氵) + d(木,谷) = 1$

Mensura d nunc reputatur. Primo, significatio ejus mensurae intervalli a significatione mensurarum δ, δ', δ'' differt. Cum cohaerentia intervalli inter charaﬅeres retineatur, intervallum induﬅum mensura d enim omnino differt. Principalis causa ejus est, ut summa operationum dissolutionis numquam non numeratur, intervallum inter duos charaﬅeres canonicos sine relatione unum esse, cum id Ω sit prioribus mensuris. Visio simpliciter differt : mensura d, quo pauciores dissolutionis operationes eo brevius intervallum est.

Secundo, erga subtilitatem mensurae d, mensura d animadvertatur minus subtilis esse quam aliae. In comparationem cum
mensuris δ, δ', δ'', nonnulla paria characterum distinctorum idem
intervallum inducunt mensura d at non prioribus mensuris. Id
est proprium defectionis agnoscendae proprietatum characteris
velut proprietatum 'clavis' et 'varietas' ubi intervalla mensura d
computantur. Exempli causa, sumamus aequalitatem $d(洪, 浜) = d(氵, 氵) + d(共, 兵) = d(共, 兵)$. Quam prima operatio compositionis ad libellam numeretur et postea numerus constans inductus
proprietate 'clavis' (ut clavis duorum characterum 洪, 浜 est 氵)
subtrahatur, potius prima dissolutionis operatio clare ultimum intervallum non adficit cum ad eundem characterem pertineat. Presse,
terminus $d(氵, 氵)$ zerum reddit secundum definitionem mensurae
d.

VII.III Characterum series

'pompa',
'comes'

In hac parte, usum educandi demonstramus erga
mensuras intervalli inter characteres ante descriptas :
characterum series. Presse, characterum series sunt
characteres serici quorum alteri alteros sequuntur
reddendo numero mutationum inter duos characteres qui se sequuntur minimo. Est 单 → 單 →
戰 → 蟬 → 虫 → 蟲 exemplum, quod infra con-
sideratur, talis seriei characterum : ordinis horum sex characte-

rum gratia labor est minimus ad retinendum memoria characterem sequentem. Mensurarum intervalli inter characteres ante propositarum gratia, series characterum diligenter definiri et automato confici possunt.

Seriei characterum confectio infra explicatur exemplo atque algorithmus ad efficiendam characterum seriem postea datur. Characterum seriem efficere a copia finita characterum sericorum proficiscitur. Aspiciendo usu educandi, talis copia characteres discendos a discipulis ad tempus describere potest. Hic, characterum copiam $E = \{$单, 單, 戰, 蟬, 虫, 蟲$\}$ sumimus quae cum characterum serie ante data ut primo exemplo congruit. Non solum characterum copia, sed etiam character incipiens $c \in E$ dandus est ad incipiendam confectionem seriei characterum. Selectio characteris incipientis usui subjicitur sed satis simplicis formae character usitate est, velut character canonicus vel primus. Hic, character c sit 单 ut cum priore exemplo seriei characterum congruatur.

Principalis ratio est per omnes characteres copiae E percurrere iteratione ad inveniendum characterem copiae $E \setminus F$ qui proximus a charactere recentissimo est, ubi $F \subseteq E$ est copia characterum jam tractatorum (id est characteres qui jam in serie characterum insunt). Character incipiens c primum characteri recentissimo adsignatur. Erga copiam E et characterem incipientem c ante datum, gradus infra explicati inducuntur ubi intervalli mensura δ prodest. Quaelibet intervalli mensura clare prodesse potest, characterum series inducta tamen differre potest. Omnis gradus forma ‹gradus numerus› ‹character recentissimus› : ‹copia intervallorum inter characteres› datur, ubi omne elementum copiae intervallorum inter characteres est par ($e \in E, \gamma \in \mathbb{R}$) atque intervallum inter characterem e et characterem recentissimum c est $\delta(c, e) = \gamma$.

I 単 : $\{(\text{蟲}, \Omega), (\text{戦}, 1), (\text{蝉}, 1), (\text{虫}, \Omega), (\text{單}, 2/3)\}$

II 單 : $\{(\text{蟲}, \Omega), (\text{戦}, 3), (\text{蝉}, 3), (\text{虫}, \Omega)\}$

III 戦 : $\{(\text{蟲}, \Omega), (\text{蝉}, 2), (\text{虫}, \Omega)\}$

IV 蝉 : $\{(\text{蟲}, 1), (\text{虫}, 1/2)\}$

V 虫 : $\{(\text{蟲}, 1/3)\}$

Ita, characterum series 単 $\rightarrow$ 單 $\rightarrow$ 戦 $\rightarrow$ 蝉 $\rightarrow$ 虫 $\rightarrow$ 蟲 fit ac cum specimine seriei characterum ante dato congruit.

Postremo, ut conclusio, simplicis algorithmi recurrentis libellus qui talem characterum seriem efficit in algorithmo V datur.

Notae librariae

I Prima disputatio erga mensuras intervalli inter characteres et characterum series inveniri potest in jam dictis operibus 'Aditus per mentem ad characteres sericos : probatio, ratio, usus' (*A scientific approach to Chinese characters: rationale, ontology and application*, in lingua britannica ; in actis colloquii *International Conference on Com-*

ALGORITHMVS V : sequi(E, c)
data : characterum copia sine ordine E et character incipiens
$\quad c \in E$
Result : characterum series proficiscens a c et congruens cum
$\quad$ copia E

si $|E| = 1$ tum
$\quad|\quad$ reddere c ;   // est enim $E = \{c\}$
si minus
$\quad|\quad E' = E \setminus \{c\}$;
$\quad|\quad N = \arg\min_{e \in E'} \delta(c, e)$;
$\quad|\quad \{n_1, n_2, \ldots, n_{|N|}\} = N$;   // intervallum aequale inter c et n_i
$\quad|\quad (1 \leq i \leq |N|)$
$\quad|\quad$ reddere $c \to$ sequi(E', n_1)

---

puter Applications in Industry and Engineering, paginis CXI-CXVI, Denverii, CO, America, diebus XXVI-XXVIII
septembris, MMXVI) ac 'Ratio characterum sericorum et
mensurae intervalli inductae' (*Chinese characters ontology and induced distance metrics*, in lingua britannica ;
acta de instrumentis computationis et usibus eorum (*International Journal of Computers and their Applications*), volumine XXIII, numero IV, paginis CCXXIII-CCXXXI,
MMXVI).

II Characteribus numeros adtribuere generaliter est consortii Unicode principium quod nonnullas varietates normae

Unicode edidit. Norma Unicode traĉtationem plerarum-
que rationum scripturae scitarum ab hominibus speĉtat
itaque maximus labor normaque est. In principali situ linguarum (BMP) usitatissimi charaĉteres serici variarum
linguarum velut linguae japonicae sericaeque sunt cum aliquot minus usitati charaĉteres serici in addito situ litterarum
per figuras (*Supplementary Ideographic Plane*, SIP) insunt. Quamquam primae varietates normae Unicode forma impressa patebant, velut 'Norma quinta Unicode' (*The
Unicode 5.0 standard*, in lingua britannica ; editio quinta, Bostoniae, MA, America : Addison-Wesley, MMVII),
novae editiones normae situ publico consortii Unicode
patent.

CAPVT OCTAVVM

Altior gradus

In hoc capite, characteres serici altius disputantur. 'Altius' etiam significat has disputationes opinione ferri posse itaque dissensioni subjici. Etsi sequentes partes auctoris sententias referunt, tamen eae sententiae multis argumentis exemplisque demonstrantur ad probandam sanitatem earum.

VIII.I   Investigatio significationis operationis 十 +

十

clavis ninhen

In hac parte, nonnullae viae explorantur quae praecipuam significationem operationis compositionis 十 + in lingua japonica ostendunt. Quae aliis verbis ad libellam compositio clavis *ninben* 十 cum alio charactere, hoc ordine, est. Ea investigatio animadvertatur de lingua disputatio ipsa non esse ut nec disputationem de mutationibus characterum ad tempus nec solidam inspectionem scriptorum ducit. Ejus operationis compositionis proprietates expositae tamen satis notabiles sunt ut in hoc libro habeantur.

In lingua japonica, modus linguae usitate conglutinationibus verborum (sicut circa verbum) exhibetur, velut ga *hitsuyō* ad necessitatem et ga *dekiru* ad potestatem. Hic, sumendis variis disputationibus et multis exemplis, aliam, omnino distinctam formam ad exhibendum modum in lingua japonica investigamus exponimusque. Presse, demonstramus talem modum ab usu clavis *ninben* emergere erga nonnullos characteres sericos linguae japonicae operatione compositionis 亻+.

In hoc studio, characteres serici clavis *ninben* linguae japonicae aspiciuntur. Ejus clavis significatio 'homo' est et principali forma 人 notabiliter littera per imagines est (forma hominis ambulantis, bipedis). Clavis *ninben* forma 亻 et 𠆢 etiam inveniri possunt, ubi varietas 亻 clare frequentissima est ac quae ad hanc disputationem pertinet. Hic interest nostra demonstrare primum veritatem figurae modi inductae ea clave *ninben* erga nonnullos characteres (clavis *ninben*). Res propria ejus modi figurae est mutatio significationis characteris. Deinde, ejus modi significatio investigatur, id est quomodo significatio characterum motorum mutetur.

In comparationem, lingua japonica nonnullis modi structuris utitur quas 'usitatis' nominamus ad vitandam confusionem. Aspiciendis verbis, ei modi aut verborum conglutinatione (saepe praepositione, interdum verbo) aut suffixis litteris verbo exhibentur. Specimina exhibendi modi infra dantur. Primo, modus ad potestatem frequenter conglutinationis verborum *ga deki- ru gratia* exhibetur, inter alias grammaticas structuras velut *ga kanō*. Secundo, saepe modo necessitatis verborum conglutinatio *ga hitsuyō* prodest. Eae modi structurae ab usitatis verborum conglutinationis praepositione (aut verbo) non multum differunt. Nihilo setius, potestas suffixis litteris verbo *-eru* etiam exhiberi potest. Tertio, modus debendi plerumque suffixis litteris verbo *-naito ikenai* (ac varietatibus ejus) exhibetur et suffixis litteris verbo *-beki* ad exhibendum officium. Quarto, res certa verborum conglutinatione *no hazu* exhibetur et res incerta suffixis litteris (haud necessario verbo) *-sō*. Postremo, voluntas aut suffixis litteris verbo *-[i]tai* aut verborum conglutinationibus *ga hoshii* et *ga iru* exhibetur.

Memoramus quodcumque studium erga characteres sericos et significationes eorum absolutum esse raro posse ob difficulta- tem historiam mutationemque (formae et significationis) eorum characterum. Ita, semper tantum propositiones adfirmationesque nostrae exemplis documentisque nituntur quantum potest.

Haec pars hoc modo struitur. Propositio modi inducti clave *ninben* ut in hoc studio consideratur in parte VIII.I.I describitur. Deinde, pars VIII.I.II.I est ad studium multorum speciminum cha- racterum quae propositionem variis aspectibus illustrant. De eo in parte VIII.I.II.II ejus modi significatio deducitur. Characteres clavis *ninben* qui ad propositionem nostram pertinent numerare tempta- tur in parte VIII.I.II.III. Ea modi figura clavis *ninben* in parte VIII.I.III

enim demonstratur ejus clavis propria esse. Pars VIII.I.IV est ad re-
futandas varias conjecturas erga locum clavis *ninben* in exemplis
selectis. Presse, conjectura reddendi simplicius et appellationis
conjectura ordine disputantur. Denique, brevis conclusio erga hoc
studium in parte VIII.I.V datur.

VIII.I.I   Ratio

In hac parte, propositio nostra et ratio ejus erga figuram modi
inductam clave *ninben* ad quosdam characteres describuntur.

  Vt ante dictum est, characteres clavis *ninben* atque imprimis
ei componentes ad libellam *ninben* cum reliquo, id est formae
ninben + reliquum, aspiciuntur. Ad comprehensionem, ei characteres descriptione $A = N + c$ designantur, ubi signum constans
N simpliciter 亻 (*ninben*) designat, et c est fluctuans pars a dextera
ninben erga primum characterem A. Eae notationes cum capitis V
congruunt.

  Ei characteres formae $N + c$ sunt plerique characteres clavis *ninben*. Ei enim ducenti quadraginta tres sunt inter ducentos
quinquaginta octo characteres clavis *ninben* (haec summa indicem *Kadokawa shinjigen*[1] sequitur), sine varietatibus characteris
(difficilis quaestio de numero characterum animadvertatur in sequenti parte latius tractari), id est plus quam nonaginta quattuor
centesimae partes. Characteres 仏, 儚, 働 sunt exempla talium

---

[1] 角川 新字源, editio revisa, Tokii, Iaponia : Kadokawa (角川), MCMXCIV.

charaɛterum formae $N + c$. Ita, erga $A =$ 働 aequalitatis relatio
$c =$ 動 vera est.

Propositio nostra hoc modo statuitur : nonnulli charaɛteres
formae $A = N + c$ significationem 'sine *ninben*' retinere videntur,
aliis verbis, significatio partis c, quae tamen accommodatur, etiam
paululum, ubi talis charaɛter (id est usus charaɛteris A ipsius)
in verbo (id est conglutinatio charaɛterum sericorum quorum
compositio praecipuam significationem inducit) prodest.

Diligentius cogitemus. Si prima significatio charaɛteris A (id
est significatio charaɛteris A ipsius non autem charaɛteris A ubi
in verbo prodest) sumitur, tunc reperitur quomodocumque, et fortasse necesse sit abitam vel raram primam significationem repeti,
relatio ad significationem clavis *ninben* : 'homo'. Vbi tamen is
charaɛter A in verbo prodest, talis relatio ad hominem evanescit
et solum charaɛteris c significatio, id est 'sine *ninben*', manet.

Ea propositio sequentibus duobus exemplis illustratur.

Exemplum primum Verbum 仲町 'urbs medii'. Charaɛter $A =$
仲, ergo $c =$ 中, hic significationem 'medium, centri' habet,
quae charaɛteris 中 significatio etiam est itaque charaɛteris
c. Clavis *ninben* in A inest verum primum videtur non
necessaria esse.

Exemplum secundum Verbum 仔犬 'catellus (catulus caninus)'.
Charaɛter $A =$ 仔, ergo $c =$ 子, hic significationem 'infans,
puer' habet (ex charaɛteribus 仔犬 significat 'infans canis'),
quae charaɛteris 子 significatio etiam est itaque charaɛteris

c. Iterum clavis *ninben* in *A* inest verum primum videtur non necessaria esse.

In sequenti parte, disputatio ad explicandum eam propositio-nem ducitur, notabiliter sumendis variis exemplis characterum clavis *ninben.*

VIII.I.II   Census disputatio significatioque

VIII.I.II.I   Studium speciminum characteris congruentium

In hac parte, characteres clavis *ninben* qui specimina congruentia cum hoc studio sunt colliguntur consideranturque, aliis verbis, characteres formae $A = N + c$ ubi N signum constans イ (*ninben*) est et quorum significatio ubi in verbo prosunt cum c congruit.

Character 仲 unum ex speciminibus characteris congruentis-simis cum hoc studio est. Is jam in priore parte praelatus est ad demonstrandam propositionem nostram. Principalis signifi-catio ejus notionem 'medius natu' includit, id est puer qui inter maximum natu et minimum natu est. Hic significatio e charac-tere reperitur : 'qui medii est'. Ita est $c = $ 中 'medium'. Sunt exempla verbi habentis hunc characterem quae propositionem nostram confirmant verbum 仲町 'urbs medii' quod frequens ur-bis (regionis) nomen est et 仲見世 '(regio) tabernularum medii' (hoc verbum vetus synonymon verbi 商店街 'regio mercatus' est verum in nonnullis urbibus japonicis etiam reperiri potest, velut Kawasaki et Asakusa Tokii). Conversio hujus exempli

secundi, 仲見世 *nakamise*, haud evidens est itaque dissensio esse potest. Veterius nomen regionis Asakusa Nakamise,[2] 平店
hiramise, indicium dare potest quoniam claram significationem
loci (平 'superficies, planities') habet. Duo extrema exempla erga
hunc characterem proponimus : 仲通り 'principalis introitus' (ex
characteribus 'introitus medii') et 仲村 'pagus medii', ubi posterius exemplum nomini gentilicium prodest ac quondam domus
locum in pago designabat. Iterum ea verba sunt exempla usus
characteris *A* significationis *c*.

Character 仔 quoque specimen congruens cum propositione nostra est et ante ad illustrandam eam adhibitus est. Vsitata
significatio ejus notionem 'infans, juvenalis' includit. Erga hunc
characterem, ita est *c* = 子 'infans, puer'. Sunt exempla verbi
habentis hunc characterem quae propositionem nostram confirmant verbum 仔犬 'catellus (catulus caninus)' et 仔猫 'catulus
felinus' (et etiam 仔牛 'vitulus', 仔馬 'equulus'). Aliud indicium
erga hunc characterem est appellatio ejus in his verbis, *ko* pro
usitata appellatione *shi* aut *sai*, quod character 仔 characteri 子
adsimulari magis firmat ut character 子 quoque, et praecipue, *ko*
appellatur.

Character 价 significationem 'bonitas' habet. Notabiliter, character *c* = 介 quoque, cujus una ex significationibus 'liber, solus'
est (ubi ad hominem pertinet), clavis *ninhen* est (sed non formae

---

[2]Sodalitas ad incrementum regionis mercatus Asakusa Nakamise (浅草
仲見世商店街振興組合), MMVIII. Conferre http://www.asakusa-nakamise.jp.

$N + c$). Propositio nostra ad hunc characterem se adhibet exempli gratia verbo 貴价 'patricius (homo alti loci (in civitate))' in quo significatio characteris 价 ut '(homo) solus' agnosci potest, id est significatio characteris 介 ; character 貴 'altus locus (in civitate)' significat. Duo verba 貴价 et 貴介 enim ut synonyma dantur (hic et infra, 'synonymon' est ad exhibendam similem significationem nec diligenter aequalem), quod propositionem nostram confirmat.

Deinde, quosdam characteres clavis *ninhen* aspicimus qui, praeter frequentem usum, maxime praecipuum usum habent : numeros. Sunt exempla eorum characterum 伍, 什, 佰, 仟, qui primum designant principem quinque, decem, centum, mille militum, pro se quisque ; res militaris principalis usus eorum est. Etenim, sunt 五 'quinque', 十 'decem', 百 'centum', 千 'mille'.

Ei numeri vere ad studium nostrum maximi sunt. Exempli gratia, definitionem verbi 大字 *daiji* in indice *Daijirin* commemoramus :[3] '「一・二・三」などの代わりに用いる「壱・弐・参・肆・伍・陸・漆・捌・玖・拾・佰・阡」などの字。金銭証書などに用いる。' Ea definitio docet characterem 伍, inter alias, simplicem significationem 'quinque', id est sine relatione ad hominem, habere. Etiam, ejus definitionis gratia, eadem observatio ad characterem 佰 et 'centum' fieri potest. Praeterea, ea definitio animadvertatur verbi 大字 esse, ex characteribus 'magnus (notabilis) character'. Ita, hic modus numerandi eis praecipuis characteribus (壱, 弐, 参, 肆, 伍 ad designandum 'unus', 'duo', 'tres',

---

[3] 大辞林, editio tertia, Tokii, Iaponia : Sanseido (三省堂), MMVI.

'quattuor', 'quinque', pro se quidque, pro usitatis characteribus 一, 二, 三, 四, 五) pondus ad numeros adjicit. Hoc est causa cur, ut in parte secunda definitionis indicis scribitur, ei praecipui characteres prosint, exempli gratia numeris in tesseris pecuniariis. Haec inventio pretiosa est ut ad agnoscendam finiendamque notionem modi clavis *ninben* in reliquo capite (in parte VIII.I.II.II) adjuvabit. Etiam, ad diligentiam, numeri praecipui (id est non usitati) ad designandum 'decem' et 'mille' animadvertantur characteres 拾 et 阡 esse, pro se quisque, ac non 什 et 仟 ut conjici potuit. Id tamen hanc disputationem haudquaquam infirmat.

Denique, in conclusionem ejus quaestionis de numeris, etiam interest animadvertere erga characterem 什 et usum ejus in verbo 什器 'supellex, vasa', eam notionem non nullorum perstare ($c = $ 十 'decem') sed, itaque quod propositionem nostram confirmat, sine relatione ad hominem (id est *ninben*).

Hoc studium speciminum sequentibus exemplis quae quoque propositionem nostram illustrant perficitur.

Primum, characterem 俚 'populus, vulgus' et usum ejus in verbo 俚婦 'mulier ruris' aspiciamus. Praeterea, sunt $c = $ 里 'rus, pagus' et 婦 'mulier' quod ita eum modum inductum clave *ninben* item ostendit. Duo verba 俚婦 et 里婦 enim ut synonyma dantur. Hoc studium characteris 俚 exemplo secundo sustinetur fortasse clarius. Hoc exemplum secundum ad verbum 俚閭 'porta pagi' pertinet. Directo hoc verbo agnosci significationem characteris 俚 esse characteris 里 : 'pagus' potest.

Vna ex significationibus characteris 供 est 'apparatio' atque ea significatio etiam in charactere $c = $ 共 reperiri potest. Character 供 in verbo 供具 (instrumentum ad ritum religiosum buddhisticum) ita habet eamdem significationem ac 共, 'apparatio', quod quoque modum patefacit. Duo verba 供具 et 共具 enim ut synonyma dantur.

Vt aliud exemplum, character 侈 'luxus' in verbo 華侈 'lautus' invenitur. Est $c = $ 多 'multitudo', quod enim ad significationem ex characteribus verbi 華侈 refert : 'multitudo splendorum'.

Character 係 'auctor' in verbo 係数 'coefficiens (mathematicus)' reperitur. Hic est $c = $ 系 'qui aut quod relationem instituit', quod clare significationem ex characteribus verbi 係数 'coefficiens' ostendit : 'numerus qui relationem facit'. Characteris 係 significatio in verbo 係数 ita est enim characteris c.

Character 傀 'magnus' sed etiam 'insolitus' in verbo 傀儡 'simulacrum' inest. Praeterea, est character 儡 ad designandum 'cadere, degener'. Hic est $c = $ 鬼 'genius, Chimaera'. His duabus significationibus ad characteres 儡 et 鬼, significatio ex characteribus ejus verbi facile colligi potest : 'genius redactus (in simulacrum)' et sane concludi significationem characteris 傀 in verbo 傀儡 enim characteris c esse potest.

Character 伸 'porrigere, producere' in verbo 追伸 'post scriptum' invenitur. Praeterea, est character $c = $ 申 'nuntiare, declarare', quod clare in verbo 追伸 usum characteris $A = $ 伸 significatione characteris c illustrat.

Character 仁 'sapientia' in verbo buddhistico 仁王 prodest, quae duos custodes per formis (仁王像), ex characteribus 'reges'

DESCRIPTIO VIII.I : Duo magni di custodientes (formae 仁王) qui sub porta templi buddhistici Tenrinji apud Hamamatsu stant (天林寺, Hamamatsu, Shizuoka, Iaponia).

usitate conversum vocabulo 'di custodientes', designat qui portam templi custodiunt (dextera ac sinistra portae). In descriptione VIII.I demonstratur. Significatio characteris $c =$ 二 'duo' etiam reperitur itaque usus characteris $A =$ 仁 significatione characteris c.

Tria extrema exempla dantur ratione alia ac characterum ante aspectorum et quae eodem genere sunt. Character 乍 forma prima

characteris 作 'facere' est (Shirakawa, 字統, pagina CCCLVII) et
sic in variis vocabulis verbisque proderat velut 寝を作る 'locum
ad dormiendum se facere' significatione characteris 作, aliis verbis,
ubi lingua japonica hodierna charactere 作 utatur. Hoc exemplo
significationis mutationem 'ab *c* ad *A*' patefacienti (aspicienda
significatione, *c* prodesse potest sine compositione cum *ninben*),
hic character aliud specimen congruens cum propositione nostra
est : *A* prodest significatione (hic prima) characteris *c* et *ninben*
hic additio linguae japonicae hodiernae est. Similiter, character 賞
'merces, praemium' forma prima characteris 償 'remuneratio' est
(Shirakawa, 字統, pagina CDLXIX) hoc modo igitur proderat, id
est, significatione hodierna characteris 償. Postremo, character 立
'stare' forma prima characteris 位 'positio' est (Shirakawa, 字統,
pagina XV), et exempli gratia in verbo 立に即く 'stabiliter positus'
proderat significatione hodierna characteris 立. Etiam reperitur,
fortasse fortuito, reliquum hujus veteris synonymiae in verbo
mathematico 'elementum idemfactor' quae in linguam japonicam
duabus verbis 単位元 et 中立元 converti potest. Alternus usus
characterum 立 et 位 notetur.

Multi alii characteres exempla congruentia fortasse sint. Talia specimina tamen interdum difficilia repertu sunt similissima-
rum, fortasse parium, significationum characterum *A* et *c* causa
(aut saltem reliquae significationis quae nunc manet), velut erga
characteres 偵 et 貞.

VIII.I.II.II   De significatione

Variis exemplis propositione nostra nitenti (partem VIII.I.II.I conferre), nunc quomodo eum modum inductum clave *ninben* ad
multos characteres in multis verbis describere considerandum
est, aliis verbis quam significationem in eum conferre. Item est
difficilis labor itaque reliqua pars VIII.I.II.II existimetur conjectura
(praesertim ex duabus propositionibus) nitens ut potest nonnullis
exemplis.

Primum indicium, et probabiliter fortissimum, ad temptandam
quaestionem significationem modi in priore parte repertum est
ubi nonnulli numeri praecipui tractati sunt. Hoc prima propositio
nostra est : usus in verbo characteris *A* (id est 'cum *ninben*'),
cum usus characteris *c* (id est 'sine *ninben*') solum sufficiat, pondus verbo sic composito addit. Ea propositio numeris praecipuis
(大字) velut 伍 'quinque' et 佰 'centum' clare ostenta est. Vt aliud
exemplum, regionis nomen 中町 hebetius est : 'urbs medii' significat verum paulum insulse. Contra, regionis nomen 仲町 majus
pondus patefacit et etiam altius est. Haec prima interpretatio certe
convenit ad omnes characteres qui cum prima propositione nostra
congruunt (partem VIII.I.I conferre) velut characteres 仔, 价, 供.

Deinde, ea interpretatio diligentius describitur. Hoc est secunda propositio nostra : cum detrimento universitatis esse possit (ea
interpretatio secunda non semper cum omnibus characteribus qui
primam propositionem nostram confirmant congruit, quamquam
cum plerisque characteribus ante consideratis congruit), clavem

ninben cum chara&ere componi videtur ad eum chara&erem non solum majus pondus, sed etiam notionem societatis conferre. Id haud omnino mirum est ut clavis *ninben* enim significationem hominis habet. Nihilominus, id non infirmat quod chara&er significationem 'sine *ninben*' retinet. Exempli gratia, ubi verbum 中町 notionem loci urbis (in medio) fert, usus verbi 仲町 pro eo eam notionem societatis addit cum simul simplex significatio 'urbs medii' retinetur. Id ad primam significationem chara&eris 仲 non redire bene notetur ; si esset, convenientiam jucunditatemque studii nostri infirmaret. Si significatio clavis ad reliquum chara&erem simpliciter adjungeretur, id dire&o ad definitionem generis chara&erum conglutinantium per significationem rediret (partem III.II conferre). Exempli gratia, erga verbum 仔犬 'catellus (catulus caninus)', notio catelli vivi major est quam relatio inter parentem et infantem indu&a scriptura 子犬 ejusdem verbi 'catellus'. Similiter, erga chara&erem 价 et ut ante di&um est, chara&er 介 clavem *ninben* habet itaque notio hominis jam in *c* inest. Etiam componendo eo cum *ninben*, notio societatis chara&eris colle&is 价 accrescit.

Postremo, exempla verbi utentis eo modo chara&erum clavis *ninben* animadvertantur in indicibus haud saepius inveniri. Vtentes vel etiam ludentes enim modi figura, talia verba frequenter ad nomina gentilicium locorumque sunt. Meminerimus talia nomina in lingua japonica significationem clare definitam habere, contra exempli causa linguam gallicam (saltem hodiernam), ac distin&ionem inter talia nomina et rei nomina interdum difficilem esse.

VIII.I.II.III   Ad censum

Haec pars ad numerandam crebritatem ejus figurae modi est ubi copia charaĉterum clavis *ninben* tam diligenter quam potest consideratur. Ad eam rem, primum numerare charaĉteres clavis *ninben* necesse est, quod haudquaquam evidens est ob eamdem causam quod numerus charaĉterum sericorum etiamnum nescitur, et etiam ob angustam firmitudinem erga partitionem charaĉterum. Erga quosdam charaĉteres enim etiamnum nescitur cujus clavis sint, et tales charaĉteres inter indices distinĉte partiri possunt ut in parte III.III demonstratur. Deinde, numerus charaĉterum clavis *ninben* qui ad figuram modi disputatam referunt aestimatur, ut potest. Item non facilis labor est quoniam omnes charaĉteres contendentes aspicere difficile est propter magnum numerum eorum. Postremo, necesse est charaĉteres clavis *ninben* qui non formae $A = N + c$ sunt excludi, id est quorum forma a ratione '*ninben* a sinistra, reliquum a dextera' differt. Charaĉter ⇴ exemplum charaĉteris excludendi est.

Totos ducentos quinquaginta oĉto charaĉteres clavis *ninben* perlustravimus (secundum indicem *Kadokawa shinjigen*) et eis genus numero integro intervalli a zero ad tres hoc modo adtribuimus :

genus o   charaĉter clavis *ninben* qui modi figuram consideratam
      non habet ;

genus I charaſter clavis *ninben* qui propositionem nostram confirmat ;

genus II charaſter clavis *ninben* erga quem significationes charaſterum *A* et *c* similissimae sunt, aut etiam aequales, itaque
charaſter *A* propositionem nostram confirmare potest ;

genus III charaſter clavis *ninben*, non autem formae $N + c$.

Ex eo studio tabula VIII.I consequitur. Columnae littera 'C' pro
charaſtere et 'G' pro genere designantur.

Partitio tabulae VIII.I in descriptione VIII.II colligitur. In summa,
plus quam viginti novem centesimae partes charaſterum clavis
ninben videntur modi figuram consideratam probabiliter exhibere,
ac modi figura viginti centesimarum partum eorum in hoc studio
demonstratur. Eae rationes enim notabiles sunt.

VIII.I.III   Proprietas clavis *ninben*

Haec pars est ad demonstrandum modi figuram prolatam in hoc
studio propriam clavis *ninben* esse. Primum, bene animadvertatur
tametsi quidam charaſteres sicut 沖 'apertum mare' et 鰯 'sarda'
clavis significationem (hic, 氵 'aqua' et 魚 'piscis', pro se quaeque)
cum significatione reliquae partis charaſteris (hic, 中 'medium' et
弱 'impotens', pro se quaeque) componunt, itaque talis charaſter
conglutinatio per significationem est, eam notionem modi clave, ut
in hoc studio erga clavem *ninben* patefit, abesse. Duo charaſteris

TABVLA VIII.I : Genus characterum clavis *ninben.*

C	G	C	G	C	G	C	G	C	G	C	G	C	G	C	G	C	G	C	G	C	G	C	G
人	III	化	o	介	III	仇	o	今	III	什	I	仍	II	仁	I	仄	III	仆	o	仏	o	仂	II
以	III	仡	o	仕	II	仔	I	囚	III	仗	o	仞	II	仙	o	仟	II	他	o	代	o	付	o
令	III	伊	o	仮	o	会	III	价	I	企	II	伎	II	休	o	伋	o	仰	II	件	o	伍	I
伉	II	伈	o	仲	I	伝	II	任	II	伐	o	仳	o	伏	o	仿	o	位	I	佚	II	何	o
伽	II	估	o	佝	o	佐	II	作	I	伺	II	佌	o	似	o	住	II	伸	I	佗	II	但	o
佇	o	体	o	低	o	佃	II	佔	II	伯	o	伴	o	伾	o	必	o	佈	II	伻	o	佑	o
余	III	伶	o	依	o	佾	o	価	o	佳	o	侅	o	侃	o	佹	o	佶	o	供	I	血	o
佼	II	使	o	侈	I	佽	II	侍	o	侏	II	侂	o	侘	o	佻	o	侗	o	佩	o	佰	I
侮	o	併	II	侔	II	侑	o	佯	o	来	III	例	o	侖	III	俄	o	俅	o	俠	o	侹	o
係	II	倪	o	俣	o	侯	o	俟	o	俊	o	俎	III	俏	II	信	o	侵	o	促	o	俗	o
俋	o	俘	o	便	o	俛	o	保	o	俑	o	俚	I	俐	o	侶	o	俤	o	俥	o	俣	o
倚	II	倭	o	俺	o	倛	o	倨	o	倶	II	倔	II	倪	II	倹	o	倦	o	個	o	候	o
倖	II	倥	o	倅	II	借	o	俶	o	倡	II	倘	o	健	o	倩	o	倬	o	倓	o	値	II
倀	o	個	o	倒	o	俳	o	倍	o	俾	o	俵	o	俯	o	倣	o	倲	o	們	o	倮	o
倞	o	倆	II	倫	II	偓	o	偗	o	偶	o	偃	II	偕	o	修	o	偽	o	偶	o	偈	o
健	o	偲	o	偖	o	偬	II	側	o	偸	o	停	II	偵	II	偪	o	偏	o	偭	II	偉	o
傀	I	傔	o	傚	o	傞	o	傘	III	傖	o	備	o	傅	o	傍	II	傴	o	僅	o	傾	II
傑	II	傲	II	債	o	催	o	傷	o	僉	III	傿	o	僧	o	僄	o	傭	II	僂	o	働	o
閒	o	僖	II	傲	o	僑	II	僥	o	僦	o	僭	o	像	II	僮	II	僕	o	僚	o	億	II
儈	o	儀	II	僵	o	儌	o	儆	o	儇	o	儔	o	儋	o	儂	o	儩	II	債	II	僻	II
儗	II	儒	o	儘	o	儕	o	儔	o	儜	o	儐	II	儚	o	償	I	儢	o	優	o	儡	o
儲	o	儳	o	儺	o	儷	o	儼	II	儻	II														

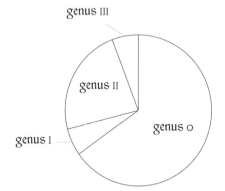

genus III

genus II

genus I

genus o

genus chara&erum
clavis *ninben*

genus	ratio
o	CLXVIII
I	XV
II	LX
III	XV

DESCRIPTIO VIII.II : Partitio generum chara&erum clavis *ninben*.

exempla 沖 et 鰯 enim significatione chara&eris *c*, 'medium' et 'impotens', pro se quaeque, in verbis non prosunt.

Cum omnes chara&eres omnium clavium clare perlustrari non possint, chara&eres clavis *gyōninben* aspicimus. Ea clavis inter ducentas tredecim alias (id est ducentas quattuordecim claves sed sine *ninben*) seligitur ut magnae similitudines cum clave *ninben* habet. Nonnulli chara&eres clavis *ninben* formae $A = N + c$ enim significationem similem chara&eris congruentis $A' = G + c$ ubi $G = $ 彳 (*gyōninben*) est habent. Exempli causa, verbum 俳佪 eamdem significationem ac verbum 徘徊 habet : 'vagari'. Sic, clavis *gyōninben* ut clavis vicaria aliarum clavium ad com-parandum cum clave *ninben* satisfacit ut modi figura considerata probabilius, utique tam probabiliter, clave *gyōninben* quam aliis clavibus apparebit.

Vt in studio clavis *ninben* fecimus, solum principalem for-mam characterum clavis *gyōninben* sumimus, hoc est varietates eorum, si quae sunt, de hoc studio moventur. In summa, triginta tres characteres clavis *gyōninben* numerantur (item secundum indicem *Kadokawa shinjigen*). Nonnulla genera ad characteres clavis *gyōninben* similiter distinguuntur :

genus 0   character clavis *gyōninben* qui modi figuram similem agnitae erga clavem *ninben* non habet ;

genus I   character clavis *gyōninben* qui modi figuram similem agnitae erga clavem *ninben* habet ;

genus II   character clavis *gyōninben* erga quem significationes characterum A' et c similissimae sunt, aut etiam aequales ;

genus III   character clavis *gyōninben*, non autem formae $G + c$ (c est haud nullum).

Ex eo studio tabula VIII.II consequitur. Columnae littera 'C' pro charactere et 'G' pro genere designantur. Ad comprehensionem, partitio tabulae VIII.II in descriptione VIII.III colligitur.

Primum, clara differentia inter partitionem generum characte-rum clavis *ninben* et clavis *gyōninben* notari potest. Cum modi figura prolata in hoc studio in multis characteribus clavis *ninben* (genus I) reperiri possit, erga clavem *gyōninben* admodum abest.

TABVLA VIII.II : Genus characterum clavis *gyōninben*.

C	G	C	G	C	G	C	G	C	G	C	G	C	G	C	G	C	G	C	G	C	G
彳	III	彴	o	役	o	彷	II	往	o	径	o	征	o	徂	o	低	o	彼	o	後	o
很	o	徇	II	待	o	律	o	従	o	徐	o	徒	o	徙	o	徜	II	得	o	徘	o
御	o	徨	o	循	o	復	o	徯	o	微	o	徭	o	徵	o	徳	o	徹	o	徼	o

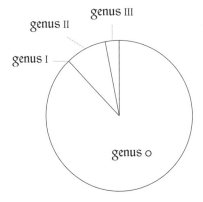

genus III

genus II

genus I

genus o

genus characterum
clavis *gyōninben*

genus	ratio
o	XXIX
I	o
II	III
III	I

DESCRIPTIO VIII.III : Partítio generum characterum clavis *gyō-ninben*.

Praeterea, ut infra explicatur, etiam adfirmari genus II neglegi pos-se, ut abesse non dicamus (infra conferre), erga clavem *gyōninben* potest.

    Erga genus II enim bene animadvertatur ubi character clavis

gyōninben, $A' = G + c$ dicamus, genus II habet, eum charaċterem A' utique charaċteri $A = N + c$ comparari (velut 仿), et etiam interdum direċto varietatem charaċteris $A = N + c$ esse (velut 徇) vero videri. Exempli gratia, charaċter clavis *gyōninben* 仿 genus II habet. Is charaċter saepe charaċteri clavis *ninben* 仿 comparari (adsimulari) potest. Ita, talem charaċterem clavis *gyōninben* (A') genus II habere comparationis cum charaċtere congruenti clavis *ninben* causa itaque nullum charaċterem clavis *gyōninben* vero genus II habere sane subjici potest.

VIII.I.IV   Aliae conjeċturae (refutatae)

VIII.I.IV.I   Charaċteres simpliciores redditi ?

Historia, praesertim saeculi vicesimi, in nonnullis nationibus cor-rectiones gubernatione ad simpliciorem usum charaċterum seri-corum vidit, imprimis in Iaponia (anno MCMXLIX, usitatorum charaċterum *kanji* tabulam procuratione ad res cultus ministerii japonici educationis conferre) et Serica (anno MCMLVI), ac quae ad minuendum numerum civium qui nec legere nec scribere possunt fuerunt. Qui praecipue magnus in Serica tunc erat (exempli gratia, in comparationem cum Europa ejusdem temporis). Presse, charac-teres simpliciores reddere usum minoris numeri lineamentorum ad quosdam charaċteres induxit. Sic, multi charaċteres duabus (mini-me) varietatibus sunt : forma principali et forma nova, exempli causa 學 et 学 'studium, discere', pro se quisque.

Talis mutatio, ita erga formam charaɛteris, ad simpliciores charaɛteres non potest contendere se usum clavis *ninben* ubi non direɛto necessarius est ut ante diɛtum est probare. Vsus clavis *ninben* enim cum simplicioribus charaɛteribus non congruit quoniam charaɛter A clare difficilior est (id est plura lineamenta habet) quam charaɛter c. Contraria causa, id est significationis mutatio 'ab A ad c', tamen animadvertatur dissensioni subjici posse sed non quaestio studii nostri est.

VIII.I.IV.II Clavis *ninben* addita ad appellationem ?

Vt in parte III.II dicitur, charaɛteres serici in sex generibus secundum formam partiri possunt. Conglutinationes per sonitum significationemque duas distinɛtas partes componunt : altera informationem erga significationem charaɛteris inducit et altera informationem erga appellationem charaɛteris. Exempli gratia, appellatio charaɛteris 銅 'aes' parte dextera 同 inducitur et significatio ejus parte sinistra 金 'metallum, aurum' (et etiam 'pecunia' porrigendo). Major pars charaɛterum sericorum conglutinationes per sonitum significationemque sunt et inter eos charaɛteres formae $x + y$ frequentissimi sunt ubi secundum charaɛterem aut x aut y clavis esse potest. Sic, facile est agnoscere charaɛteres aspeɛtos in hoc studio, id est clavis *ninben* ac formae $A = N + c$, plerosque conglutinationes per sonitum significationemque esse, clavis *ninben* inducens significationem et c dextera charaɛteris pars appellationem.

Generaliter, et praesertim erga conglutinationes per sonitum significationemque, rarissimum est, et fortasse esse non possit (nullum exemplum invenire potuimus verum est semper difficile firmum esse erga characteres sericos), appellationem characteris clave induci (clare nisi character ipse clavis est). Aliis verbis, universe et praesertim erga conglutinationes per sonitum significationemque, characteris A clavis k appellatio parte characteris quae k non includit $A \setminus \{k\}$ inducitur. Hic, id est erga characteres clavis *ninben*, patet nos in generali causa esse : clavis *ninben* rem ad appellationem characteris non inducit. Id quoque facile probatu est : in tabula VIII.III principales appellationes (*on* et *kun*, rarae appellationes tamen omittuntur) characterum sumptorum in hoc studio dantur. Directo animadverti eas appellationes a clavis *ninben* differre potest, id est ab appellationibus *nin* / *jin*, in nonaginta quinque centesimis partibus : singularis exceptio character 亻 est. Ita, eas appellationes charactere c induci sane concludi potest.

VIII.I.V   In conclusionem

In parte VIII.I, clavem *ninben* characterum sericorum disputavimus, quae praecipua clavis est erga quam modi figuram in lingua japonica exposuimus. Per studium nonnullorum characterum et usuum eorum in lingua japonica, etiamsi temptando fuit, significationem ejus figurae modi definire potuimus. Res prolatae aliquot speciminibus verborum nituntur (id est, characterum con-

TABVLA VIII.III : Principales appellationes characterum datorum
ut exemplorum in hoc studio figurae modi clavis *ninben.*

character	appellatio *on*	appellatio *kun*
仲	*chū*	*naka*
仔	*shi, sai*	‵
价	*kai*	*yo, yoro*
伍	*go*	‵
什	*shū, jū*	‵
佰	*haku, byaku*	*osa*
仟	*sen*	*kashira*
俚	*ri*	*iya, hina*
供	*kyō, ku*	*sona, tomo*
侈	*shi, i*	*ogo, ō, hiro*
係	*kei*	*kaka, tsuna*
傀	*kai*	*ō, kugutsu, deku*
伸	*shin*	*no*
仁	*jin, ni, nin*	‵
作	*saku, sa*	*tsuku, na*
償	*shō*	*tsuguna*
位	*i*	*kurai*

glutinationibus) quae propositionem nostram confirmant. Inter
ducentos quinquaginta octo characteres clavis *ninben,* viginti no-

vem centesimae partes modi figuram disputatam in hoc studio probabiliter habent, ac modi figura viginti centesimarum partium istorum characterum in hoc studio comprobatur. Etiam, nonnullae conjecturae quae propositionem nostram infirmare potuerunt, ce- terum admodum justae conjecturae, disputatae et postea refutatae sunt. Presse, aliis clavibus talem modi figuram non habentibus, primum clavis *ninben* demonstrata est praecipua esse. Ad eam rem, clavis *gyōninben* selecta est, quae quoque praecipua clavis est quoniam certius conectitur cum clave *ninben* quam aliae claves itaque probabilius modi figuram prolatam includat. Res collectae clare demonstrant clavem *gyōninben* eam modi figuram non ha- bere. Deinde, conjectura adfectionis reddendorum characterum simpliciorum, ut historia interdum vidit velut in Iaponia (anno MCMXLIX) et Serica (anno MCMLVI), disputata et postea item refutata est. Denique, usus clavis *ninben* demonstratus est ad appellationem characteris aspecti non referre.

Id studium erga clavem *ninben* ad linguam sericam porrigere decet. Vt lingua japonica eisdem characteribus ac lingua serica nititur, primo investigare num talis proprietas etiam in lingua serica sit, secundo reperire claves congruentes, tertio disputare differentias notatas erga eam proprietatem inter duas linguas sit naturale.

VIII.II De correctionibus ad characteres simpliciores

'simplex',
'singulare'

Correctiones ad reddendos characteres simpliciores ut ante dictum est erga Iaponiam Sericamque
novas characteris partes (characteres superiores)
induxerunt cum ad reddendam simpliciorem characterum lectionem scriptionemque fierent, et id praesertim minuendo numero lineamentorum incluso-
rum in charactere. Deinde, aspicienda re algebraica
(caput quintum conferre), eae correctiones saepe structurae characteris comprehensionem difficilem reddunt introducendis novis
dissolutionis formis, presse novis elementis in copia fulcienti
linguae selectae, id est exempli causa, incrementum copiae 丁 erga linguam japonicam. Exempla novarum formarum inductarum
characteribus factibus simplicioribus in tabula VIII.IV dantur. Forma principalis simpliciorque characteris dantur cum descriptione
novorum elementorum inductorum.

Specimina tabulae VIII.IV ex lingua japonica seliguntur. Similis
disputatio erga linguam sericam fieri potest : character simplicior
见 omnino novum characterem inducit cum usitata forma 見 duo
usitata elementa 目 et 儿 componat.

Ita saepe formas principales algebraice dissolvere facilius est
quam formas simpliciores ut ex addendo novo elemento in copia
fulcienti vel omnino novo charactere in copia naturali major poena

TABVLA VIII.IV : Nonnullae novae formae induĉtae correĉtionibus ad reddendos charaĉteres simpliciores.

forma principalis	forma simplicior	descriptio
觀	観	Vnum novum elementum (雀) contra elementa usitata : ⺿, 口, 隹.
險	険	Vnum novum elementum (㑒) contra elementa usitata : 一, 口, 人.
晝	画	Vnum novum elementum (襾) contra elementa usitata : 聿, 田, 一.
竝	並	Vnus novus charaĉter (並) contra charaĉterum usitatum : 立.

inducitur. Exempli gratia, comparemus simplicem descriptionem 竝 = 立 + 立 = 2立 induĉtam forma principali cum forma simpliciori 並 quae omnino novum charaĉterem inducit cui ita magna poena adtribuitur quoniam discipuli laborem ad retinendum memoria amplificat.

Praeterea, interest indicare charaĉterum redditorum simplicio- rum causa facilitatem partitionis charaĉterum clavibus multum corrumpi. Postquam enim charaĉter simplicior fit, is clavem ne- quaquam ostendere potest. Exempli gratia, charaĉterem 竝 (forma principalis) sumamus. Clavis ejus est 立 ac forma simplicior ejus

est 並. Deinde, aspicienda forma simpliciore certe non naturale
est statuere characterem clavis 立 esse, et discipulus modo memoria niti debet ad agnoscendam clavem quod clare haud habile
est ac contra institutionem partitionis. Ejus ridiculae rei causa,
一 ut clavis adsignatur formae simpliciori 並. Similis disputatio
erga characterem 兩 (forma principalis) clavis 入 fieri potest cujus
forma simplicior 両 non jam includens 入 ut characterem superiorem vidit clavem in 一 mutari. Etiam claves quorumdam characterum simpliciorum etiamnum controversissimae sunt. Characteres simpliciores fieri enim una causa angustae firmitudinis erga
partitionem characterum clavibus est.

Praeterea, ut in prioribus capitibus demonstratur, characteres
simpliciores plerumque proprii unae linguae sunt quod multum
obest. Sic, characteribus simplicioribus, magna commoditas mutuarum per verbum litterarum, itaque verborum quae saepe cogna-
ta sunt, inter linguas multum corrumpitur. Saepe igitur evenit ut
Iaponici verba serica, vel etiam characteres, intellegere non possint propter characteres redditos simpliciores. Etiam res contraria
quoque probatur : Seres saepe difficultates inveniunt ubi experiun-
tur ut verba japonica, vel etiam characteres, intellegant. Similiter,
causa est tales characteres simpliciores proprios Iaponiae esse,
vel contra propter characteres simpliciores propriores Sericae qui
in lingua japonica non prosunt. Si Serica Iaponiaque solum usum
characterum principalium retinuissent, intellegentia inter duas rationes scripturae certe major fuisset, atque intellegentia ad linguam
coreanam ex parte (ob scripturam *hangul*) mansisset ut Corea

correctiones ad characteres simpliciores non introduxit, ut ante dictum est.

Quaestio de characteribus simplicioribus in litteris late disputatur, exempli gratia erga correctionem linguae japonicae ad characteres simpliciores, et notabiliter multi auctores difficultates introductas correctione proponunt, itaque de sanitate ejus maxime dubii sunt et sic controversias quaestionesque inductas characteribus simplicioribus ut ante in hac parte erga relationes algebramque characterum demonstratum est adfirmant. Exempli gratia, erga linguam japonicam, Itsubei Aoki in libro 'De facultate veterum *kanji* et veterum *kana*'4 describit quomodo haud naturaliter characteres simpliciores turbare et contra efficere possint ubi cum formis usitatis eorum comparantur. Tametsi formae usitatae characteres majorem lineamentorum numerum habent, difficiliores nec lectu nec retentu memoria sunt ac contrarie esse etiam potest. Vt ab Aoki agnoscitur, detrimentum formarum veterum contra formas novas, etsi characteribus indicis Kāngxī consentiebatur, est stabilitatem characterum formae veteris deesse posse, aliis verbis multitudo scripturarum ad singularem characterem quae impedire potest (exempli causa, tres varietates 叙, 敍, 敘 ejusdem characteris a Tetsuji Atsuji dantur,5 et cujus prima varietas ut forma nova retenta est).

---

4 旧字力、旧仮名力 (in lingua japonica), Tokii, Iaponia : editiones NHK (NHK出版), MMV.

5 'Characterum *kanji* historia in Iaponia post bellum' (戦後日本漢字史, in lingua japonica), Tokii, Iaponia : Shinchosha (新潮社), MMX.

Postremo, refert animadvertere haud naturaliter scripta formis principalibus pro formis simplicioribus facilia lectu contextus
gratia manere. Multa exempla adferri possunt hodiernus (post
correctionem ad characteres simpliciores) liber japonicus 'Linguae
japonicae schola mea' autem scriptus a Tsuneari Fukuda formis
principalibus bonum exemplum est. Ita sumi formas simpliciores
non ad simpliciorem lectionem sed potius scriptionem esse sane
potest. Sic potest se quaere quamobrem novae formae (id est
formae simpliciores) ex nihilo (velut 亙) factae sint quoniam sunt
plerumque formae vulgares quae commodum ad non publicam et
citatam scriptionem jam sunt. Eae non publicae scriptioni prosint,
tamen publica scriptio etiam formis principalibus sit, quod non
impediat ut non scriptio trita est et sufficiens adtentio viresque ita
scriptioni adtribui possint.

VIII.III   De scriptura *chữ nôm*

ba, 'tres' in
scriptura *chữ*
nôm

In hac parte, principales proprietates formae characterum propriorum scripturae *chữ nôm* perlustrantur. Vt in parte II.IV dicitur, plerique characteres proprii scripturae *chữ nôm* duos characteres
sericos usitatos componunt et plerumque conglutinationes per sonitum significationemque sunt sin
aliter saepius conglutinationes per significationem.
Rarissimi sunt characteres proprii scripturae *chữ*

nôm qui ex charaɛteribus sericis mutatis consistunt velut character proprius scripturae *chữ nôm* 仸 *ấy* qui a charaɛtere serico
衣 proficiscitur. Ei infrequentissimi charaɛteres proprii scripturae *chữ nôm* qui charaɛteres serici mutati sunt in hac parte non
aspiciuntur.

Sequentes duae proprietates formae charaɛterum propriorum
scripturae *chữ nôm* notari possunt.

Primo, plerumque, vel etiam fortasse semper, novi charaɛteres introduɛti scriptura *chữ nôm* singularem gradum addunt. Id
est, exempli causa, compositio ad libellam duorum charaɛterum
sericorum usitatorum aut compositio eorum ad perpendiculum.

Secundo, partitio operationum dissolutionis primarum (caput
quintum conferre) charaɛterum propriorum scripturae *chữ nôm*
in descriptione VIII.IV datur. Animadvertatur eam rationem secundum indicem Taberd esse et operationem primam interdum difficilem repertu. Id ita existimetur nutus esse qui autem clarissimus
est : plerique charaɛteres proprii scripturae *chữ nôm* charaɛteres
sericos usitatos operationibus ϕ_1 et ϕ_2 componunt quod igitur
ad nutum ante notatum refert erga charaɛteres sericos generaliter.

Praeterea, operationem ϕ_4 tertiam de frequentissimis operationibus dissolutionis esse potest notari. Plerumque, operatio ϕ_4
locum operationis ad libellam obtinere potest ; ea proprietas vicis
duarum operationum ϕ_4 et ϕ_1 erga charaɛteres sericos generaliter
notatur. Exempli gratia, charaɛter 吧 similiter ut 巴 + 三 scribi
potest sine impedimento leɛtionis vel subtilitatis scriptionis. Haec
scriptura secunda ad id praecipuum exemplum videri potest ex

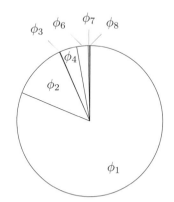

operationes primae
dissolutionis characterum
propriorum scripturae *chữ nôm*

operatio	ratio
ϕ_1	DCCXLVIII
ϕ_2	CXII
ϕ_3	I
ϕ_4	XXXV
ϕ_6	XXIII
ϕ_7	III
ϕ_8	I

DESCRIPTIO VIII.IV : Partitio operationum primarum dissolutionis characterum propriorum scripturae *chữ nôm*.

empli gratia in pagina secunda libri anni MCMI '*Bảo xích tiện
ngâm*' (保赤便吟) in verbo 呸䐗 *ba năm* 'tres anni' ; descriptionem VIII.V conferre (gratia societatis ad tuendum vietnamense
nôm (*Vietnamese Nôm Preservation Foundation*)[6]).

---

[6]Bibliotheca numeria VNPF Id NLVNPF-0521, Origin Id R.1954.

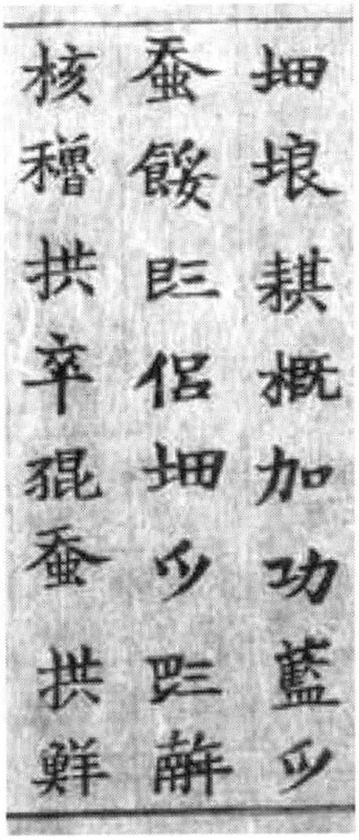

jus societatis ad tuendum vietnamense *nôm*

DESCRIPTIO VIII.V : Similitudo operationum ϕ_4, ϕ_1 erga characteres proprios scripturae *chữ nôm* charactere 𠀧 videri potest (in columna medii).

Notae librariae

1 Causa de characteribus simplicioribus erga linguam japonicam a Mitsuo Fukawa et Kazuo Koike in libro 'Introductio *kanji* veteris et *kana* veteris' (旧字旧かな入門, in lingua

japonica ; Tokii, Iaponia : Kashiwashobo (柏書房), MMI) modo facili lectu explicatur.

II   Studium clavis *ninben* praecipue indice *Jitō* Shizuka Shirakawa (字統, in lingua japonica ; Tokii, Iaponia : Heibonsha (平凡社), MCMLXXXIV) et longo principali indice *Daikanwa jiten* Tetsuji Morohashi (大漢和辞典, in lingua japonica ; Tokii, Iaponia : editiones Taishukan (大修館書店), MM) nititur.

III   Sanitas correctionum japonicarum ad reddendos characteres simpliciores et ejusdem erga scripturam japonicam *kana* cupide disputantur quaerunturque in libro 'Linguae japonicae schola mea' a Tsuneari Fukuda (私の國語教室, in lingua japonica ; Tokii, Iaponia : Shinchosha (新潮社), MCMLX, Bungeishunju (文藝春秋), MMII).

CAPVT NONVM

Ad usum

Per hunc librum, charaꝗeres sericos protulimus perlustravimus consideravimusque atque id aspiciendis variis nationibus,
hoc est, aliquot linguis et rationibus scripturae. Leꝗor igitur nunc
altam comprehensionem characꝗerum sericorum teneat ac sciat
et quid sint et quomodo formentur et quomodo alii ad alios refe-
rant. Ita, leꝗor nunc magnam scientiam tenet quae ad nova studia
de characꝗeribus sericis adjuvabit et characꝗeres memoria retinere
probabiliter sequens labor traꝗandus est. Id nunc est facilius ut
characꝗerum genera formae relationesque perlustrata sunt.

Sic, ut epilogus hujus operis, auꝗor libris nonnullas vias infra
proponit quae sequentes gradus sint erga leꝗorem qui fascinantem
characꝗerum sericorum mundum explorare perseverare vult. Quidam ex eis libris jam in notis librariis priorum capitorum visos
esse possunt. Primum, nonnulla opera ad retinendos characꝗeres
memoria dantur.

Iam demonstratus in prioribus notis librariis, tribus voluminibus liber 'Kanji memoria retinere' James Heisig[1] maxime scitur.
Is characteres sericos qui in lingua japonica prosunt tractat. Erga omnem characterem (praesertim in volumine primo) brevis,
interdum poetica, narratiuncula datur ad praebenda instrumenta
discipulis in characteres retinendos memoria. Primum volumen
omnino ad retinendam significationem scripturamque characterum est, secundum ad appellationes characterum erga linguam
japonicam et tertium ad appellationes scripturasque characterum
difficiliorum. Primum secundumque volumina tamen in indicem
characterum propendent.

Exempli gratia, Heisig saepe narratiuncula ad aliquem characterem circum elementa (illic primitiva nominantur) characteris
struit utendo significationibus omnium eorum primitivorum et
nonnumquam mutatis significationibus adtribuendis primitivis
ad comprehensionem. Iste aditus animadvertatur solum instrumentum ad retinendum memoria esse ut enim significatione omnis
elementi characteris distincte uti ad conglutinationes per sonitum
significationemque clare adhiberi nequit. Ita, lectore scientiam erga relationes inter characteres jam tenente, studium propositum
ab Heisig magis conjungendis characteribus inter eos et fortasse ducendis novis narratiunculis ut instrumentis ad retinendum
memoria extendi decet.

---

[1] *Remembering the kanji*, in lingua britannica ; Honolulu, HI, America:
editiones universitatis Hawaii, MMX (novissimae editiones).

Ei libri Heisig eodem auctore suppleti sunt ad tractandam
scripturam sericam simpliciorem : 'Hanzi simpliciora memoria retinere' et principalem : 'Hanzi principalia memoria retinere', uterque
liber habens duo volumina.[2]

Multi libri ad adjuvandum ad retinendos characteres sericos
memoria hic proferri possunt verum ut in prioribus capitibus dicitur, tales libri enim constantius characteres serie proponunt danda
significatione appellatione ceteraque itaque opera ante commemo-
rata istius generis hic sufficiunt. Quod tamen aditus satis differt,
nihilominus memoramus libros scholae puerorum velut in Iaponia delectantes institutiones ad characteres retinendos memoria
saepe satis multis imaginibus praebere, generaliter proficiscendo
a litteris per imagines et congruentibus brevibus enuntiationibus.
Clare tales libri scholae non ad discipulum alienum sunt sed tamen
existimari a lectore eos placere potest.

In conclusionem quaestionis de memoria characterum, auctor resistere cupiditati indicum proferendorum qui in hoc opere,
et generaliter studio characterum sericorum, multum adjuverunt
nequit. Temporis ordine, index Shuōwén jiězì (説文解字, saeculi secundi), quamquam non multum patet, notabilis est rationis
partitionis quingentis quadraginta clavibus et explicationum erga
sex scripturas gratia. Nonnulli libri ad lectionem indicis Shuōwén

---

[2] *Remembering simplified hanzi* et *Remembering traditional hanzi*,
in lingua britannica ; Honolulu, HI, America : editiones universitatis Hawaii,
MMXII (novissimae editiones).

jiĕzì adjuvant, velut opus *Shíyòng shuōwén jiĕzì* Ke He Zang et Ben Cai Liu,[3] quod charaƈeres et scripturas significationes formasque eorum sicut in principali indice sunt inspicit. Saeculi septimi oƈavique principale opus de charaƈeribus *Ganlu zishu* (干禄字書) tenet cum charaƈerum usum in prioribus saeculis illustret patefacienda forma principali charaƈeris propter varieta-tes et convenientiam earum. Index paulo superior quam tempus nostrum *Kāngxī* (康熙字典, saeculi duodevicesimi) item notabi-lissimus est quod proponendis ducentis quattuordecim clavibus bodiernis comparationem cum vetere indice *Shuōwén jiĕzì* pa-tefacit. Ei duo veteres indices etiamnum late patent multarum novarum impressionum gratia, saltem apud Sericam.

Vt index hodiernus et principalis liber sunt laudatus longus-que index *Daikanwa jiten*[4] duodecim voluminibus, *Daishogen*[5], *Nihon nanji itaiji daijiten*[6] ad perlustrandas varietates scrip-turasque charaƈerum, *Tự điển chữ nôm dẫn giải*[7] qui comple-tum opus de charaƈeribus scripturae *chữ nôm* est. Postremo, sed non neglegendi sunt indices communes erga charaƈeres seri-cos velut index *Kadokawa shinjigen*[8] quibus leƈor probabiliter

---

[3]實用説文解字 (in lingua serica), Shanghai, Serica : editiones veterum scriptorum Shanghai (上海古籍出版社), MMIII.

[4]大漢和辞典, Tokii, Iaponia : editiones Taishukan (大修館書店), MM.

[5]大書源, Tokii, Iaponia : Nigensha (二玄社), MMVII.

[6]日本難字異体字大字典, Tokii, Iaponia : Yushikan (遊子館), MMXII.

[7]Saigon, Vietnamia : editionis domus scientiae societatis, MMXIV.

[8]角川 新字源, editio revisa, Tokii, Iaponia : Kadokawa (角川), MCMXCIV.

plerumque utetur.

Deinde, quaestione de memoria characterum seposita, aditus per mentem similis propositi in hoc libro animadvertatur ad alias rationes scripturae adhiberi posse, velut ad scripturam tangutensem. Ad majorem demonstrationem comparationemque, variae rationes scripturae gentium, ergo characteres sericos includentes, exempli gratia a Florian Coulmas in libro 'Rationes scripturarum mundi',[9] a John DeFrancis in libro 'Aspectabilis locutio',[10] a Geoffrey Sampson in libro 'Rationes scripturarum'[11] explicantur.

Etiam erga aditum per logicam ad rationes scripturarum, liber 'Per computationem ratio rationum scripturae' Richard Sproat[12] conspectum linguarum per computationem praebet formanda disputandaque, exempli gratia, re de sonitu orthographiaque variarum linguarum et rationum scripturae, sicut characterum sericorum. Praeterea, ad perdiscendas characterum formas relationesque, discipulo etiam multum expedit characterum algebram duci, exempli gratia forma lusus tractantis aequationes characterum sericorum. Presse, ut in opere 'Characterum sericorum algebra

---

[9] *The writing systems of the world*, in lingua britannica ; Oxoniae, Britannia : Basil Blackwell, MCMLXXXIX.

[10] *Visible speech*, in lingua britannica ; Honolulu, HI, America: editiones universitatis Hawaii, MCMLXXXIX.

[11] *Writing systems*, in lingua britannica ; Sefeldae, Britannia: Equinox Publishing, MCMLXXXV, secunda editio anno MMXV.

[12] *A computational theory of writing systems*, in lingua britannica ; Cantabrigiae, Britannia : editiones universitatis Cantabrigiae, MM.

extensa ad aequationes'[13] describitur, id est ad solvendam aequationem linearem. Ad eam rem et omittendis particulis, opus est operationes inversas definiri ad operationes dissolutionis capitis quinti, exempli causa, dicamus $\overline{+}\cdot$ et $\cdot\overline{+}$ ad operationem inversam sinistram dexteramque operationis $+$, pro se quaeque, ac $\overline{\times}\cdot$ et $\cdot\overline{\times}$ ad operationem inversam sinistram dexteramque operationis $\times$, pro se quaeque. Nitendo eis operationibus et sumenda copia definitionis $\mathbb{J} \cup \hat{\mathbb{J}}$, exemplum ubi aequatio singularem solutionem habet infra datur erga characterem 茄 'solanum (melongena)'.

$$^{+\!\!+} \times \left(力 + x\right) = 茄$$
$$^{+\!\!+}\overline{\times}\cdot \left(^{+\!\!+} \times \left(力 + x\right)\right) = {}^{+\!\!+}\overline{\times}\cdot 茄$$
$$力 + x = {}^{+\!\!+}\overline{\times}\cdot \left(^{+\!\!+} \times 加\right)$$
$$力 + x = 加$$
$$力\,\overline{+}\cdot \left(力 + x\right) = 力\,\overline{+}\cdot 加$$
$$x = 力\,\overline{+}\cdot \left(力 + 口\right)$$
$$x = 口$$

Haec aequatio et resolutio ejus satis directae existimari possunt. Extra computationem solutionis x tamen ea exercitatio bene

---

[13]*Extending the algebra on Japanese characters to equations,* in lingua britannica ; in actis colloquii *International Conference on Computer Applications in Industry and Engineering,* paginis LXXXIII-LXXXVIII, Sancti Didaci, CA, America, diebus XII-XIV octobris, MMXV.

illustrat quod in hoc libro demonstratur : interest discipulum characteres sericos tractare ad intellegendas formas eorum melius.
Talis tractatio tunc multum fulcit ubi labor characterum retinendo-
rum memoria petitur. Descriptio characterum sericorum et altius
studium in prioribus capitibus ducta sunt ut instrumenta tantum
praebeantur ad eam rem quantum potest. Tale exercitatione, characteres disci res ludicra fiet, quod felicium studiorum januam
patefacit.

'finis'

Partitio operationum primarum dissolutionis

Dantur in tabula A.I, A.II, A.III, A.IV, A.V operationes primae dissolutionis, ut in parte V.II describitur, omnium duorum milium centum triginta sex characterum sericorum usitatorum (et quinque aliorum characterum qui postea ex indice publico exclusi sunt) sicut in lingua japonica (常用漢字) definiuntur. Characteres a sinistra ad detexeram ordinantur secundum indicem publicum characterum usitatorum ut ministerio japonico educationis editur. Columnae littera 'C' pro charactere et 'O' pro operationis symbolo designantur.

TABVLA A.I : Operationes primae dissolutionis characterum sericorum usitatos in lingua japonica - pars I.

C	O	C	O	C	O	C	O	C	O	C	O	C	O	C	O	C	O	C	O	C	O	C	O	C	O
亜	15	哀	15	挨	1	愛	15	曖	1	悪	2	握	1	圧	6	扱	1	宛	2	嵐	2	安	2	案	2
暗	1	以	1	衣	0	位	1	囲	3	医	8	依	1	委	2	威	7	為	2	畏	2	胃	2	尉	1
異	2	移	1	萎	2	偉	1	椅	1	彙	2	意	2	違	4	維	1	慰	2	遺	4	緯	1	域	1
育	2	一	0	壱	2	逸	4	茨	2	芋	2	引	1	印	1	因	3	咽	1	姻	1	員	2	院	1
淫	1	陰	1	飲	1	隠	1	韻	1	右	6	宇	2	羽	0	雨	0	唄	1	鬱	13	畝	1	浦	1
運	4	雲	2	永	2	泳	1	英	2	映	1	栄	2	営	2	詠	1	影	1	鋭	1	衛	14	易	2
疫	6	益	2	液	1	駅	1	悦	1	越	4	謁	1	閲	7	円	7	延	4	沿	1	炎	2	怨	2
宴	2	媛	1	援	1	園	3	煙	1	猿	1	遠	4	鉛	1	塩	1	演	1	縁	1	艶	1	汚	1
王	0	凹	9	央	16	応	6	往	1	押	1	旺	1	欧	1	殴	1	桜	1	翁	2	奥	2	横	1
岡	7	屋	6	億	2	憶	1	臆	1	虞	6	乙	0	俺	1	卸	1	音	2	恩	2	温	1	穏	1
下	2	化	1	火	0	加	1	可	5	仮	1	何	2	花	2	佳	1	価	1	果	2	河	1	苛	1
科	1	架	2	夏	2	家	2	荷	2	華	2	菓	2	貨	2	渦	1	過	1	嫁	1	暇	1	禍	2
靴	1	寡	2	歌	1	箇	2	稼	1	課	1	蚊	1	牙	0	瓦	0	我	1	画	9	芽	2	賀	2
雅	1	餓	1	介	1	回	3	灰	6	会	2	快	1	戒	5	改	1	怪	1	拐	1	悔	1	海	1
界	1	皆	1	械	1	絵	1	開	1	階	1	塊	1	楷	1	解	1	潰	1	壊	1	懐	1	諧	1
貝	0	外	2	劾	1	害	1	崖	2	涯	1	街	14	慨	1	蓋	1	該	1	概	1	骸	1	垣	1
柿	1	各	2	角	0	拡	1	革	0	格	1	核	1	殻	1	郭	1	覚	2	較	1	隔	1	閣	7
確	1	獲	1	嚇	1	穫	1	学	2	岳	2	楽	2	額	1	顎	1	掛	1	潟	1	括	1	活	1
喝	1	渇	1	割	1	葛	2	滑	1	褐	1	轄	1	且	2	株	1	釜	1	鎌	1	刈	1	干	0
刊	1	甘	1	汗	0	缶	0	完	2	肝	1	官	1	冠	1	巻	2	看	6	陥	1	乾	1	勘	1
患	1	貫	2	喚	1	堪	1	換	1	敢	1	棺	1	款	1	間	2	閑	7	勧	1	寛	2	幹	1
感	2	漢	1	慣	1	管	2	関	7	歓	1	監	2	緩	2	憾	1	還	4	館	1	環	1	簡	2
観	1	韓	1	艦	1	鑑	1	丸	16	含	2	岸	2	岩	2	玩	1	眼	1	頑	1	顔	1	願	1
企	2	危	6	机	1	気	5	岐	2	希	2	忌	1	汽	1	奇	1	祈	1	季	2	紀	1	軌	1
既	1	記	1	起	4	飢	1	鬼	0	帰	1	基	2	寄	1	規	2	亀	0	喜	2	幾	13	揮	1
期	1	棋	1	貴	2	棄	2	毀	1	旗	1	器	15	畿	5	輝	1	機	1	騎	2	技	1	宜	1
偽	1	欺	1	義	2	疑	1	儀	1	戯	1	擬	1	犠	1	議	1	菊	2	吉	2	喫	1	詰	1
却	1	客	2	脚	1	逆	4	虐	6	九	16	久	2	及	6	弓	0	丘	2	旧	1	休	1	吸	1
朽	1	臼	0	求	16	究	2	泣	1	急	2	級	1	糾	1	宮	1	救	1	球	1	給	1	嗅	1
窮	2	牛	0	去	2	巨	8	居	6	拒	1	拠	1	挙	1	虚	6	許	1	距	1	漁	1	魚	0
御	1	凶	9	共	2	叫	1	狂	1	京	2	享	2	供	1	協	1	況	1	峡	1	挟	1	狭	1
恐	2	恭	2	胸	2	脅	1	強	1	教	1	郷	14	境	1	橋	1	矯	1	鏡	1	競	1	響	2
驚	2	仰	1	暁	1	業	1	凝	1	曲	16	局	6	極	1	玉	0	巾	0	斤	0	均	1	近	4
金	0	菌	0	勤	1	琴	1	筋	1	僅	1	禁	1	緊	2	錦	1	謹	1	襟	1				

TABVLA A.II : Operationes primae dissolutionis characterum sericorum usitatos in lingua japonica - pars II.

C	O	C	O	C	O	C	O	C	O	C	O	C	O	C	O	C	O	C	O	C	O	C	O	C	O
吟	1	銀	1	区	8	句	5	苦	2	駆	1	具	2	惧	1	愚	2	空	2	偶	1	遇	4	隅	1
串	16	屈	6	掘	1	窟	2	熊	2	繰	1	君	6	訓	1	勲	2	薫	2	軍	2	郡	1	群	1
兄	2	刑	1	形	1	系	2	径	1	茎	2	係	1	型	2	契	2	計	1	恵	2	啓	2	掲	1
渓	1	経	1	蛍	1	敬	1	景	2	軽	1	傾	1	携	1	継	1	詣	1	慶	6	憬	1	稽	1
憩	2	警	2	鶏	1	芸	2	迎	4	鯨	1	隙	1	劇	2	撃	2	激	1	桁	1	欠	0	穴	0
血	0	決	1	結	1	傑	1	潔	1	月	0	犬	0	件	1	見	0	券	2	肩	6	建	4	研	1
県	4	倹	1	兼	16	剣	1	拳	2	軒	1	健	1	険	1	圏	3	堅	2	検	1	嫌	1	献	1
絹	1	遣	4	権	1	憲	2	賢	2	謙	1	鍵	1	繭	1	顕	1	験	1	懸	2	元	2	幻	1
玄	0	言	0	弦	1	限	1	原	6	現	1	舷	1	減	1	源	1	厳	6	己	0	戸	0	古	2
呼	1	固	3	股	1	虎	1	孤	6	弧	1	故	1	枯	1	個	1	庫	6	湖	1	雇	2	誇	1
鼓	1	錮	1	顧	1	五	15	互	15	午	2	呉	1	後	0	娯	2	悟	1	碁	2	語	1	誤	1
護	1	口	0	工	0	公	2	勾	5	孔	1	功	1	巧	1	広	6	甲	2	交	2	光	2	向	7
后	6	好	1	江	1	考	2	行	0	坑	1	孝	1	抗	1	攻	1	更	15	効	1	幸	2	拘	1
肯	2	侯	1	厚	6	恒	1	洪	1	皇	1	紅	1	荒	2	郊	1	香	0	候	1	校	1	耕	1
航	1	貢	2	降	1	高	0	康	6	控	1	梗	1	黄	0	喉	1	慌	1	港	1	硬	1	絞	1
項	1	溝	1	鉱	1	構	1	綱	1	酵	1	稿	1	興	1	衡	14	鋼	1	講	1	購	1	郷	1
号	2	合	2	拷	1	剛	1	傲	1	豪	1	克	2	告	1	谷	1	刻	1	国	3	黒	0	穀	1
酷	1	獄	14	骨	0	駒	1	込	4	頃	1	今	2	困	3	昆	2	恨	1	根	1	婚	1	混	1
痕	6	紺	1	魂	1	墾	2	懇	2	左	6	佐	1	沙	1	査	1	砂	1	唆	1	差	6	詐	1
鎖	1	座	6	挫	1	才	0	再	16	災	2	妻	2	采	1	砕	1	宰	2	栽	5	彩	1	採	1
済	1	祭	2	斎	7	細	1	菜	2	最	2	裁	5	債	1	催	1	削	1	歳	2	載	5	際	1
埼	1	在	6	材	1	剤	1	財	1	罪	2	作	1	刹	1	拶	1	殺	1	察	1	索	2	策	2
酢	1	搾	1	錯	1	咲	1	冊	0	札	1	刷	1	昨	1	柵	1	削	1	撮	1	擦	1	散	2
雑	1	皿	0	三	2	山	0	参	2	桟	1	蚕	2	惨	1	産	2	傘	1	散	2	算	2	酸	1
賛	2	残	1	斬	1	暫	2	士	0	子	0	支	0	止	0	氏	0	仕	1	史	2	司	5	四	3
市	2	矢	0	旨	2	死	6	糸	0	至	0	伺	1	志	1	私	1	使	1	刺	1	始	1	姉	1
枝	1	祉	1	肢	1	姿	2	思	2	指	1	施	1	師	1	恣	2	紙	1	脂	1	視	1	紫	2
詞	1	歯	0	嗣	1	試	1	詩	1	資	2	飼	1	誌	1	摯	1	諮	1	諾	1	詰	1	示	0
字	1	寺	1	次	1	耳	0	自	0	似	1	児	2	事	16	侍	1	治	1	持	1	時	1	滋	1
慈	2	辞	1	磁	1	餌	1	璽	2	鹿	0	式	5	識	1	軸	1	七	16	叱	1	失	16	室	2
疾	6	執	1	湿	1	嫉	1	漆	1	質	2	実	2	芝	1	蛇	1	写	1	社	1	車	0	舎	2
射	1	捨	1	赦	1	斜	1	煮	2	遮	4	謝	1	邪	1	勺	5	尺	6	借	1	酌	1	者	2
釈	1	爵	2	若	2	弱	1	寂	2	手	0	主	2	守	2	朱	15	取	1	狩	1	首	0	殊	1
珠	1	酒	1	腫	1	種	1	趣	4	寿	6	受	2	呪	1	授	1	需	2	儒	1	樹	1	収	1

TABVLA A.III : Operationes primae dissolutionis characterum sericorum usitatos in lingua japonica - pars III.

C	O	C	O	C	O	C	O	C	O	C	O	C	O	C	O	C	O	C	O	C	O	C	O	C	O
囚	3	州	16	舟	0	秀	2	周	7	宗	2	拾	1	秋	1	臭	2	修	1	袖	1	終	1	羞	6
習	2	週	4	就	1	衆	2	集	2	愁	2	酬	1	醜	1	蹴	1	襲	2	十	0	汁	1	充	2
住	1	柔	2	重	2	従	1	渋	1	銃	1	獣	1	縦	1	叔	1	祝	1	宿	2	淑	1	粛	16
縮	1	塾	2	熟	2	出	9	述	4	術	14	俊	1	春	2	瞬	1	旬	5	巡	4	盾	6	准	1
殉	1	純	1	循	1	順	1	準	2	潤	1	遵	4	処	4	初	1	所	1	書	2	庶	6	暑	2
署	2	緒	1	諸	1	女	0	如	1	助	1	序	6	叙	1	徐	1	除	1	小	0	升	1	少	2
召	2	匠	8	床	6	抄	1	肖	2	尚	2	招	1	承	7	昇	2	松	1	沼	1	昭	1	宵	2
将	1	消	1	症	6	祥	1	称	1	笑	2	唱	1	商	2	渉	1	章	2	紹	1	訟	1	勝	1
掌	2	晶	2	焼	1	焦	2	硝	1	粧	1	詔	1	証	1	象	2	傷	1	奨	2	照	2	詳	1
彰	1	障	1	憧	1	衝	14	賞	2	償	1	礁	1	鐘	1	上	2	丈	16	冗	2	条	2	状	1
乗	2	城	1	浄	1	剰	1	常	2	情	1	場	1	畳	2	蒸	2	縄	1	壌	1	嬢	1	錠	1
譲	1	醸	1	色	0	拭	1	食	0	植	1	殖	1	飾	1	触	1	嘱	1	織	1	職	1	辱	2
尻	6	心	0	申	14	伸	1	臣	0	芯	2	身	0	辛	1	侵	1	信	1	津	1	神	1	唇	2
娠	1	振	1	浸	1	真	2	針	1	深	1	紳	1	進	4	森	1	診	1	寝	2	慎	1	新	1
審	2	震	2	薪	2	親	1	人	0	刃	16	仁	1	尽	6	迅	4	甚	2	陣	1	尋	2	腎	2
須	1	図	3	水	0	吹	1	垂	2	帥	1	粋	1	杉	1	衰	15	裾	1	酔	1	遂	4	睡	1
穂	1	錘	1	随	1	髄	1	枢	1	崇	2	数	1	据	1	姓	1	征	1	寸	0	瀬	1	是	2
井	16	世	16	正	2	生	0	成	1	西	0	声	2	制	1	姓	1	征	1	性	1	青	0	斉	0
政	1	星	2	牲	1	省	2	凄	1	逝	4	清	1	盛	1	婿	1	晴	1	勢	2	聖	2	誠	1
精	1	製	2	誓	2	静	1	請	1	整	2	醒	1	税	1	夕	0	斥	16	石	0	赤	0	昔	2
析	1	席	6	脊	2	隻	2	惜	1	戚	1	責	1	節	2	説	1	積	1	績	1	籍	2	折	1
拙	1	窃	2	接	2	設	1	雪	1	摂	1	浅	1	洗	1	舌	0	絶	1	千	2	川	0	仙	1
占	2	先	2	宣	1	専	2	泉	2	浅	1	箋	2	銭	1	銑	1	栓	1	旋	1	船	1	戦	1
煎	2	羨	2	腺	1	詮	1	践	1	箋	2	銭	1	銑	1	潜	1	線	1	遷	4	選	4	薦	2
繊	1	鮮	1	全	2	前	2	善	2	然	2	禅	1	漸	1	膳	1	繕	1	狙	1	阻	1	祖	1
租	1	素	2	措	1	粗	1	組	1	疎	1	訴	1	塑	1	遡	4	礎	1	双	1	壮	1	早	2
争	2	走	0	奏	2	相	1	荘	2	草	1	送	2	倉	2	捜	1	挿	1	桑	2	巣	2	掃	1
曹	2	曽	2	爽	15	窓	2	創	1	喪	15	痩	6	葬	1	藻	1	装	1	僧	1	想	2	層	6	総	1
遭	4	槽	1	踪	1	操	1	燥	1	霜	1	騒	1	藻	1	造	4	像	1	増	1	憎	1	蔵	1
贈	1	臓	1	即	1	束	15	足	0	促	1	則	1	息	1	捉	1	速	4	側	1	測	1	俗	1
族	1	属	6	賊	1	統	1	卒	2	率	15	存	6	村	1	孫	1	尊	2	損	1	遜	4	他	1
多	2	汰	1	打	1	妥	2	唾	1	堕	1	惰	1	駄	1	太	1	対	1	体	1	耐	1	待	1
怠	2	胎	1	退	4	帯	2	泰	2	堆	1	袋	1	逮	4	替	2	貸	2	隊	1	滞	1	態	2
戴	5	大	0	代	1	台	2	第	2	題	2	滝	1	宅	2	択	1	沢	1	卓	2	拓	1	託	1

TABVLA A.IV : Operationes primae dissolutionis characterum sericorum usitatos in lingua japonica - pars IV.

C	O	C	O	C	O	C	O	C	O	C	O	C	O	C	O	C	O	C	O	C	O	C	O	C	O
濯	1	諾	1	濁	1	但	1	達	4	脱	1	奪	2	棚	1	誰	1	丹	16	旦	2	担	1	単	2
炭	2	胆	1	探	1	淡	1	短	1	嘆	1	端	1	綻	1	誕	1	鍛	1	団	3	男	2	段	1
断	1	弾	1	暖	1	談	1	壇	1	地	1	池	1	知	1	値	1	恥	1	致	1	遅	4	痴	6
稚	1	置	2	綴	1	竹	0	畜	2	逐	4	蓄	2	築	2	秩	1	窒	1	茶	2	着	6	嫡	1
中	16	仲	1	虫	0	沖	1	宙	2	忠	2	抽	1	注	1	昼	2	柱	1	衷	15	酎	1	鋳	1
駐	1	著	2	貯	1	丁	2	弔	16	庁	6	兆	13	町	1	長	0	挑	1	帳	1	張	1	彫	1
眺	1	釣	1	頂	1	鳥	0	朝	1	脹	1	貼	1	超	4	腸	1	跳	1	徴	1	嘲	1	潮	1
澄	1	調	1	聴	2	懲	2	直	2	勅	1	捗	1	沈	1	珍	1	朕	1	陳	1	賃	2	鎮	1
追	4	椎	1	墜	2	通	1	痛	6	塚	1	漬	1	坪	1	爪	0	鶴	1	低	1	呈	2	廷	4
弟	16	定	2	底	6	抵	1	邸	1	亭	2	貞	2	帝	1	訂	2	庭	1	逓	4	停	1	偵	1
堤	1	提	1	程	1	艇	1	締	1	諦	1	泥	1	的	1	笛	2	摘	1	滴	1	適	4	敵	1
溺	1	迭	4	哲	2	鉄	1	徹	1	撒	1	天	1	典	1	店	6	点	2	展	6	添	1	転	1
填	1	田	0	伝	1	殿	1	電	2	斗	0	吐	1	姑	1	徒	1	途	4	都	1	渡	1	塗	2
賭	1	土	0	奴	1	努	2	度	6	怒	1	刀	0	冬	2	灯	1	当	2	投	1	豆	0	東	15
到	1	逃	4	倒	1	凍	1	唐	5	島	1	桃	1	討	1	透	1	党	2	悼	1	盗	2	陶	1
塔	1	搭	1	棟	1	湯	1	痘	1	登	2	答	2	等	1	筒	1	統	1	稲	1	踏	1	糖	1
頭	1	謄	1	藤	2	闘	7	騰	1	同	7	洞	1	胴	1	動	1	堂	1	童	2	道	4	働	1
銅	1	導	2	瞳	1	峠	1	匿	8	特	1	得	1	督	1	徳	1	篤	2	毒	2	独	1	読	1
栃	1	凸	2	突	2	届	6	屯	16	豚	1	頓	1	貪	2	鈍	1	曇	2	丼	16	那	1	奈	2
内	7	梨	2	謎	1	鍋	2	南	2	軟	1	難	1	二	0	尼	6	弐	5	匂	5	肉	0	虹	1
日	0	入	0	乳	1	尿	1	任	1	妊	1	忍	2	認	1	寧	2	熱	2	年	16	念	2	捻	1
粘	1	燃	1	悩	1	納	1	能	1	脳	1	農	1	濃	1	俳	1	把	1	派	1	破	1	覇	1
馬	0	婆	2	罵	2	拝	1	杯	1	背	2	肺	1	配	1	白	0	伯	1	拍	1	泊	1	迫	4
売	2	倍	1	梅	1	培	1	陪	1	媒	1	買	1	賠	1	箱	2	箸	2	畑	1	肌	1	八	0
剥	1	舶	1	博	1	薄	2	麦	1	漠	1	縛	1	爆	1	閥	7	反	6	半	16	氾	1	犯	1
鉢	1	発	2	髪	2	伐	1	抜	1	版	1	罰	1	帆	1	汎	1	搬	2	班	14	畔	1	般	1
伴	1	判	1	坂	2	阪	1	板	1	版	1	罰	1	斑	14	飯	1	盤	2	比	1	皮	1	妃	1
煩	1	頒	1	範	1	繁	1	藩	1	晩	1	番	2	蛮	2	盤	2	比	1	皮	1	妃	1	否	2
批	1	彼	1	披	1	肥	1	非	0	卑	2	飛	0	疲	1	秘	1	被	1	悲	2	扉	6	費	2
碑	1	罷	2	避	4	尾	6	眉	6	美	2	備	1	微	1	鼻	1	膝	2	肘	1	匹	8	必	16
泌	1	筆	2	姫	1	百	2	氷	16	表	15	俵	1	票	1	評	1	漂	1	標	1	苗	2	秒	1
病	6	描	1	猫	1	品	2	浜	1	貧	1	賓	1	頻	1	敏	1	瓶	1	不	2	夫	16	父	0
付	1	布	2	扶	1	府	6	怖	1	阜	0	附	1	訃	1	負	2	赴	4	浮	1	婦	1	符	2
富	2	普	2	腐	6	敷	1	膚	6	賦	1	譜	1	侮	1	武	5	部	1	舞	2	封	1	風	0

TABVLA A.V : Operationes primae dissolutionis characterum sericorum usitatos in lingua japonica ‑ pars V.

C	O	C	O	C	O	C	O	C	O	C	O	C	O	C	O	C	O	C	O	C	O	C	O	C	O
伏	1	服	1	副	1	幅	1	復	1	福	1	腹	1	複	1	覆	2	払	1	沸	1	仏	1	物	1
粉	1	紛	1	雰	2	噴	1	墳	1	憤	1	奮	2	分	2	文	0	聞	7	丙	2	平	15	兵	2
併	1	並	2	柄	1	陛	1	閉	7	塀	1	幣	2	弊	2	蔽	2	餅	1	米	0	壁	2	璧	2
癖	6	別	1	蔑	2	片	0	辺	4	返	4	変	2	偏	1	遍	4	編	1	弁	2	便	1	勉	4
歩	2	保	1	哺	1	捕	1	補	1	舗	1	母	0	募	2	墓	2	慕	2	暮	2	簿	2	方	0
包	5	芳	2	邦	1	奉	2	宝	2	抱	1	放	1	法	1	泡	1	胞	1	俸	1	倣	1	峰	1
砲	1	崩	2	訪	1	報	1	蜂	1	豊	2	飽	1	褒	15	縫	1	亡	2	乏	2	忙	1	坊	1
妨	1	忘	2	防	1	房	6	肪	1	某	1	冒	2	剖	1	紡	1	望	2	傍	1	帽	1	棒	1
貿	2	貌	1	暴	2	膨	1	謀	1	煩	1	北	0	木	0	朴	1	牧	1	睦	1	僕	1	墨	2
撲	1	没	1	勃	1	堀	1	本	16	奔	2	翻	1	凡	7	盆	2	麻	6	摩	6	磨	6	魔	6
毎	2	妹	1	枚	1	昧	1	埋	1	幕	2	膜	1	枕	1	又	0	末	16	抹	1	万	2	満	1
慢	1	漫	1	未	16	味	1	魅	4	岬	1	密	2	蜜	2	脈	1	妙	1	民	2	眠	1	矛	0
務	1	無	2	夢	2	霧	2	娘	1	名	2	命	5	明	1	迷	4	冥	2	盟	2	銘	1	鳴	1
滅	1	免	2	面	0	綿	1	麺	4	茂	2	模	1	毛	0	妄	2	盲	2	耗	1	猛	1	網	1
目	0	黙	2	門	0	紋	1	問	2	匁	16	冶	1	夜	2	野	1	弥	1	厄	6	役	1	約	1
訳	1	薬	1	躍	1	闇	7	由	2	油	1	喩	1	愉	1	諭	1	輸	1	癒	6	唯	1	友	6
有	6	勇	2	幽	11	悠	2	郵	1	湧	1	猶	1	裕	4	遊	4	雄	1	誘	1	憂	2	融	1
優	1	与	16	予	2	余	2	誉	2	預	1	幼	0	用	0	羊	0	妖	1	洋	1	要	2	容	2
庸	6	揚	1	揺	1	葉	2	陽	2	溶	1	腰	1	様	4	瘍	6	踊	1	窯	2	養	2	擁	1
謡	1	曜	1	抑	1	沃	1	浴	1	欲	1	翌	1	翼	2	拉	1	裸	1	羅	2	来	15	雷	2
頼	1	絡	6	落	1	酪	1	辣	1	乱	1	卵	1	覧	2	濫	1	藍	2	欄	1	吏	15	利	1
里	0	理	1	痢	6	裏	15	履	6	璃	1	離	1	陸	1	立	0	律	1	慄	1	略	1	柳	1
流	1	留	2	竜	0	粒	1	隆	1	硫	1	侶	1	旅	1	慮	6	了	2	両	2	良	2		
料	1	涼	1	猟	1	陵	1	量	2	僚	1	領	2	寮	1	療	6	瞭	1	糧	1	力	0	緑	1
林	1	厘	6	倫	1	輪	1	隣	1	臨	1	瑠	1	涙	1	累	2	塁	2	類	1	令	2	礼	1
冷	1	励	1	戻	6	例	1	鈴	1	零	1	霊	1	隷	1	齢	1	麗	2	暦	6	歴	6	列	1
劣	2	烈	1	裂	2	恋	2	連	1	廉	1	練	1	錬	1	呂	2	炉	1	賂	1	路	1	露	2
老	0	労	2	弄	2	郎	1	朗	1	浪	1	廊	6	楼	1	漏	1	籠	2	六	2	録	1	麓	2
論	1	和	1	話	1	賄	1	脇	1	惑	2	枠	1	湾	1	腕	1								

Conspectus descriptionum

Conspe&us tabularum

Gratiarum notationes

Imprimis, auctor professori Keiichi Kaneko (universitatis Tokii culturae artisque, Tokii, Iaponia) gratias agit pro consiliis erga characteres sericos et propinquas causas. Ejusdem universitatis professores Tomoko Hongo et Takao Tomono in collectione instrumentorum ad partem V.VI.II adjuverunt.

Auctor etiam professori Takeyuki Nagao (universitatis Chiba mercatus, Chiba, Iaponia) gratias agit pro sententiis scientiaque sociatis erga linguas naturales et generaliter rationes scripturae, ac professori Sanggyu Shin (universitatis Tokai, Kanagawa, Iaponia) pro consiliis erga linguam coreanam.

Nonnulli characteres in hoc libro typo imprimendi 'Tangut Yinchuan' Jing Yongshi, 'Mojikyo' (今昔文字鏡) consortii Mojikyo et societatis AI-NET gratia, 'Veterum characterum sericorum consilium' Vicimediae Communiae (dominio publico) inscribuntur. Tabula mundi quoque ex Vicimedia Communia (dominio publico) oritur.

Postremo, auctor societati ad tuendum vietnamense *nôm* gratias agit pro permissione includendi in hoc libro rerum bibliothecae numeriae ejus.

本書の出版は神奈川大学出版会の助成による

237

(Hujus libri editio fuit societatis editionis universitatis
Kanagawa gratia.)

Gratiarum notationes conversionis in latinum

Haec conversio in latinum praecipue nitendo et variis grammaticis
latinis, scriptis in lingua gallica, et his indicibus (datis ordine
litterarum) facta est.

I   G. Edon, 'Index gallico latinum' (*Dictionnaire français-latin*), Lutetiae,
Gallia : Belin, MCMLXXXV.

II   F. Gaffiot, 'Index latino gallicum' (*Dictionnaire latin-français*), editio
prima, Lutetiae, Gallia : Hachette, MCMXXXIV et editio tertia, Lutetiae, Gallia :
Hachette, MMV.

III   J. G. T. Graesse, F. Benedict, H. Plechl, S.-C. Plechl, 'Orbis latinus', editio
secunda, Berolini, Germania : Richard Carl Schmidt, MCMIX, et nova editio,
Brunsviei, Germania : Klinkhardt & Biermann, MCMLXXII.

IV   H. Goelzer, 'Index gallico latinum' (*Dictionnaire français-latin*), Lutetiae, Gallia : Flammarion, MCMXCVI.

V   L. Quicherat, 'Index gallico latinum' (*Dictionnaire français-latin*), editio
tricesima octava, Lutetiae, Gallia : Hachette, MCMVIII.

Postremo, typus imprimendi 'Ptolemy' qui hujus libri in-
scriptioni profuit pars operis *Gotico-Antiqua, Proto-Roman,
Hybrid* officinae publicae quaestionis typi (scholae publicae supe-
rioris artis formaeque Nanceii) est. Conferre https://github.com/
anrt-type/GoticoAntiqua.

Index

Index rerum notabilium

Antoine Bossard est professor adjunctus facultatis scientiarum universitatis Kanagawa (in Iaponia). Diploma licentiae et magistri, hoc anno MMV illud anno MMVII, ex universitate Cadomi Normanniae (in Gallia) recepit ac factus est philosophiae doctor anno MMXI universitate Tokii culturae artisque (in Iaponia). Pervestigationes ejus praecipue ad duas quaestiones pertinent : graphorum rationem, ad rete conectendi adhibitam (rebus ducendis sicut vias seligere et vitia tolerare), et linguas naturales, praesertim rationes scripturarum. Est auctor multorum operum probatorum erga eas artes. Praeterea est auctor libri 'Lenis introductio ad libellum per functiones in lingua britannica' (*A Gentle Introduction to Functional Programming in English*, in lingua britannica ; Tokii, Iaponia : Ohmsha (オーム社), MMXVII) qui ad discipulos scholae suae de libello per functiones scriptus est.

Antoine Bossard(ボサール・アントワーヌ)神奈川大学理学部情報科学科准教授。フランス生まれ。2007年、(仏)国立カン大学大学院理学研究科数理情報学専攻博士前期課程修了。2007年、来日。2011年、東京農工大学大学院工学府電子情報工学専攻博士後期課程修了。博士(工学)。2011年、東京農工大学大学院生物システム応用科学府特任助教。2012年、産業技術大学院大学情報アーキテクチャ専攻助教。2015年、神奈川大学理学部情報科学科助教、2017年から現職。専門分野は主にグラフ理論、特に相互結合網と経路選択問題、および自然言語。この分野で論文多数を執筆。著書に、担当科目「関数プログラミング」の学生向けの教科書『関数プログラミング入門, in English!』(2017年、オーム社)がある。

CHARACTERES SERICI CLARE　—CONVERSIO IN LATINVM

2021年5月20日初版発行

著作者　Antoine Bossard　© 2021

発行所　神奈川大学出版会

　　　〒221-8686
　　　神奈川県横浜市神奈川区六角橋 3-27-1
　　　電話（045）481-5661

発売所　丸善出版株式会社

　　　〒101-0051
　　　東京都千代田区神田神保町 2-17
　　　電話（03）3512-3256
　　　https://www.maruzen-publishing.co.jp/

編集・制作協力　丸善雄松堂株式会社

ISBN978-4-906279-19-7 C3004　　Printed in Japan